后浪出版公司

马拉松完全指南

マラソンの教科書

SECOND WIND AC 总教练

（日）川越 学 ◎ 主编

赵维真 译

北京联合出版公司
Beijing United Publishing Co.,Ltd.

前　言

2012年时，东京马拉松赛已经发展成为业余马拉松赛的一项大型赛事，当年有28.3万人报名，是规定参赛人数2.94万人的9.6倍，报名人数达到了历史最高水平。借着东京马拉松赛的人气，日本全国各地新设立了一批同等规模的马拉松赛，如大阪马拉松赛等。近年来，人气较高的赛事在开放报名后几小时内即能报满，马拉松热可谓一发而不可收。

那么，为何马拉松有着如此之高的人气呢？答案恐怕并不唯一。比如，马拉松是最利于维持和促进健康的运动，可用于治疗代谢综合征。作为一项抗衰老运动，马拉松也有美肤的功效。除此之外，马拉松还具有帮助练习者缓解压力、增进与跑友的交流等许多优点。

此外，入门简单、通过努力就能相应提高成绩等也是这项运动的魅力所在。马拉松与年龄、性别、运动天赋等无关。感受着自己的水平一步步逐渐提高，那种喜悦和兴奋感在日常生活中很难体会得到。

开始练习马拉松的动机和目标因人而异，只是，如果无法在正确的理念和知识的基础上进行训练，便可能会因为受伤或缺乏兴趣而导致中途退出、前功尽弃，未免令人感到遗憾。

本书介绍的一些理论和训练方法，旨在帮助读者享受马拉松运动。对练习者来说，重要的是在认识自身能力的基础上，根据每天的身体状况，选择最适合自己的练习内容并付诸实施。为了做到这些，请读者树立正确的基本理念，学习好本书中的马拉松理论和训练方法，制订出适合自己的训练计划。

跑完马拉松全程后的成就感、爽快感只有选手本人才能知道。希望本书能够为所有敢于挑战自我的业余练习者提供一定帮助。

Second Wind AC总教练　川越　学

本书的阅读法与使用法

本书的结构

本书分8章介绍马拉松的理论知识和练习方法。初次阅读本书的读者请了解以下内容。

STEP 1　了解马拉松练习的注意事项

快乐、高效地练习！

序章：
川越式马拉松训练

　　总结了马拉松练习需要事先了解的注意事项。请在学习理论和练习项目之前阅读，以便事半功倍。

➡ 第001~012页

STEP 2　训练分为五个阶段，逐级提高水平

初学者请从此处开始！

第1章：准备期

　　没有马拉松经验或是体力较差者，可从"准备期"开始练习。首先应打好体力基础。另外，我们也为有经验的练习者准备了大量值得参考的建议，请在练习前通读。

➡ 第013~066页

体力基础较好者请从此处开始！

第2章：深入训练一期

　　有马拉松经验或是对自己体力有信心者可以从"深入训练一期"开始练习。为了锻炼体力，请将练习的距离调整至20千米以上。请按照自己的节奏进行训练。

➡ 第067~094页

> 已具备跑完全程的体力！

第3章：深入训练二期

如果能毫不勉强地跑完20千米，请开始"深入训练二期"的练习。为了培养跑完全程所需要的体力，请将练习的距离调整至30千米以上。目标为完赛的选手，可以经过调整期的练习后参加比赛。

➡ 第095~110页

> 要想刷新纪录必须强化速度训练！

第4章：实践期

如果您的级别在跑进4小时以内，目标是刷新自己的纪录，则可以选择"实践期"的练习。除了增强体力之外，练习者还应加强速度训练。应注意不要疲劳过度。

➡ 第111~126页

> 以最佳状态迎接比赛！

第5章：调整期

到了赛前第10~14天，应进入"调整期"的练习。在保持能力的同时应注意消除疲劳，将巅峰状态调整至比赛当日。让我们以最好的状态迎接比赛！

➡ 第127~142页

STEP 3 了解比赛策略

第6章：
比赛的策略与方法

➡ 第143~162页

本章介绍了一些跑完42.195千米所需的策略与方法，以及比赛前一天和当天的准备工作和流程、赛后护理的方法等。准备工作万无一失才能取得好成绩。

附 伸展训练和补充强化训练的方法

第7章：
伸展训练 & 补充强化训练

➡ 第163~191页

"伸展训练""跑步训练"和"补充强化训练"贯穿所有的训练阶段，本章总结了这些训练的方法和注意事项，请读者根据这些理论进行练习。

本书的阅读法与使用法

各章的结构
从第1章到第5章，训练阶段的解说共分为"理论""训练项目""训练计划"三大部分。

1 在练习中学习理论

马拉松理论阐述

针对每个训练阶段，介绍练习马拉松前必备的理论知识。读者应在理解各个训练阶段的目的、跑前热身&跑后放松、补充强化训练、跑鞋&服装、饮食等相关概念的基础上，将其运用在实际训练之中。

跑步姿势解析

该部分将介绍有关跑步姿势的内容。请从正确的站立姿势开始学起，培养适合自身特点的跑步姿势。

训练项目解说

该部分总结了每个训练阶段的跑步训练的相关注意事项。请参照"训练项目清单"构建适合自己能力的训练计划，在完成"水平等级测评"的内容后，可继续下一阶段的练习。

2　"训练项目"的使用方法

各部分均以图片和文字的形式进行解说，便于读者理解。

❶训练项目和目标
　　总结出该训练的主要目标和通过该训练培养的能力。

❷图片与注解
　　以图片和注解的形式讲解训练方法和动作要领。

❸讲解文字
　　以文字的形式综合讲解练习的目的、方法和要点，便于读者理解。

❹对各水平等级的建议
　　该部分分为"目标为完赛""初学者""跑进4小时""跑进3小时"四个级别（第007页），介绍针对各级别练习的相关建议。

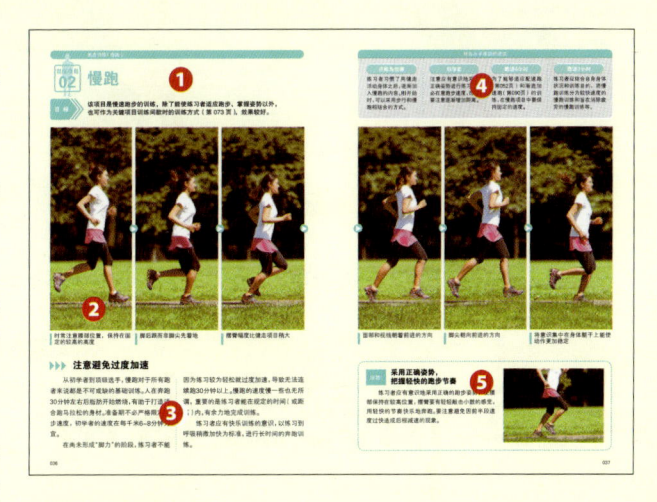

❺这里很重要！
　　该部分将介绍练习的补充说明以及练习时的注意事项、提高能力的要领等，也会列举一些错误的例子。

3　参考训练计划，有计划地练习

根据不同的级别和训练阶段，提供相应的训练计划范例。
请参考本书的训练计划制订出适合您的练习计划。

❶对应级别和目标
　　根据计划的对象级别，总结出该计划的目标。

❷掌握后请继续下一章的练习
　　该标志表示可以跳至下一训练阶段的练习。并非每个训练计划都必须消化一个月时间，只要掌握了必要的能力，可以跳至下一阶段的练习。

❸训练计划实例
　　介绍以月为单位的训练计划实例。读者需要结合自身的能力和疲劳程度，灵活地加以调整修改。

❹讲解文字
　　以文字形式综合讲解制订训练计划的理念和要点，便于读者理解。

❺这里很重要！
　　该部分介绍制订训练计划的补充说明、注意事项、制作要点等内容。

❻调整
　　该部分会根据训练计划提供一些建议，便于读者对训练内容进行调整。

7

挑战跑完全程！刷新自己的最佳纪录！

马拉松完全指南

目录

前言 ··· 3
<本书的阅读法与使用法>
- 本书的结构 ·· 4
- 各章的结构 ·· 6

序章　心情愉快地坚持练习、提高水平
川越式马拉松训练 ··· 001

注意事项 之① ▶▶▶ 心情愉快地进行训练相当重要 ················ 002
注意事项 之② ▶▶▶ 了解跑马拉松必须具备的能力 ················· 003
　　　　　　　　你知道吗？跑马拉松必须具备的能力有哪些？ ···· 003
注意事项 之③ ▶▶▶ 理解训练的目的 ······························· 004
　　　　　　　　你知道吗？了解各项训练的目的 ·················· 004
注意事项 之④ ▶▶▶ 了解自己的能力，调整训练的质与量 ········· 005
注意事项 之⑤ ▶▶▶ 备赛期可分为五个阶段 ························ 006
　　　　　　　　你知道吗？了解五个训练阶段 ····················· 006

注意事项 之⑥	▶▶▶ 分四个级别进行训练 ······	007
	你知道吗？练习者根据自身情况决定训练内容 ······	007
注意事项 之⑦	▶▶▶ 制订训练计划 ······	008
	你知道吗？一周训练计划范例 ······	008
注意事项 之⑧	▶▶▶ 记录训练日志，掌握身体状况 ······	009
	你知道吗？训练日志范例 ······	009
注意事项 之⑨	▶▶▶ 练习时奔跑距离不要超过 30 千米 ······	010
	▶▶▶ 以最佳状态坚持练习 ······	011

专栏1 对话川越总教练 / 跑者们的 Q & A ① ······ 012

第1章 马拉松运动的基础

准备期 ······ 013

<练习前 / 准备期的心理准备>

● 为开始训练打下基础 ······ 014
　　▶▶▶ 心情愉快地坚持训练十分重要 ······ 015
　　你知道吗？跑马拉松需要具备哪些身体条件？ ······ 015

<马拉松基础姿势>

跑法解说 ◎	从直立站姿开始 ······	016
	▶▶▶ 站立→步行→跑步之间具有联动性 ······	016
跑法解说 ◎	迈出第一步，落地 ······	018
	▶▶▶ 脚后跟先着地，用整个脚掌承担体重 ······	018
跑法解说 ◎	从第一步到步行 ······	020
	▶▶▶ 通过健走练习基础动作 ······	020
跑法解说 ◎	从步行到跑步① 快步跑法 ······	022
	▶▶▶ 小步幅、高频率的跑法 ······	022
跑法解说 ◎	从步行到跑步② 大步跑法 ······	024
	▶▶▶ 用较大步幅，充满活力地奔跑 ······	024

9

<跑前热身与跑后放松的基本理论> ✓
- 跑前热身与跑后放松的基础 ✓ ··· 026
  - ▶▶▶ 训练前后必不可少的准备和护理 ·································· 026
    - 项目清单 一起来确认跑前热身和跑后放松的主要练习项目··· 027
- 了解必须伸展的身体部位 ✓ ·· 028
  - 你知道吗？伸展的部位大体分为五处 ······························ 028
  - 你知道吗？跑前热身的概念和练习方法 ··························· 029
  - 你知道吗？跑后放松的概念和练习方法 ··························· 030
  - ▶▶▶ 认识、调整身体左右两侧灵活性和活动度的差异 ············· 031
  - 你知道吗？确认、改善左右两侧差异的伸展活动 ··············· 031

<练习前／准备期的目标>
- 以慢跑为核心，培养"脚力" ·· 032
  - ▶▶▶ 愉快地坚持下去，自然能达成目标 ································ 032
    - 项目清单 确认准备期跑步训练的要点 ··························· 033

<跑步训练>
- **训练项目 01** ◎ 健走 ·· 034
  - ▶▶▶ 慢步走是训练的第一步 ·· 034
- **训练项目 02** ◎ 慢跑 ·· 036
  - ▶▶▶ 注意避免过度加速 ·· 036
- **训练项目 03** ◎ 配速跑 ··· 038
  - ▶▶▶ 自始至终保持同一速度 ·· 038
- **训练项目 04** ◎ 冲刺跑 ··· 040
  - ▶▶▶ 使用大步幅，跑出活力 ·· 040

<补充强化训练的基本理论>
- 通过补充强化训练培养必要的肌肉力量 ··································· 042
  - ▶▶▶ 进行补充强化训练的四个目的 ······································ 043
  - ▶▶▶ 找准不足，进行强化 ·· 043
  - 你知道吗？马拉松运动能锻炼哪些肌肉？ ·························· 043
  - ▶▶▶ 通过减少肌肉力量差异来提高水平 ································· 044

　　　　你知道吗？① 练习时考虑前后的平衡 ·················· 044
　　　　你知道吗？② 练习时考虑左右的平衡 ·················· 045
　　　　你知道吗？③ 锻炼时应考虑身体对角线肌肉平衡 ········ 045
● 通过小测验，检查前后左右的平衡能力 ····················· 046
　　　▶▶▶ 目的不同，训练方法亦不同 ························ 048
　　　　你知道吗？了解旨在锻炼肌肉的训练项目 ············· 048
　　　▶▶▶ 均衡锻炼三种肌肉力量 ··························· 049
　　　　你知道吗？关于训练的量（次数）和质（负荷） ········ 049
　　　　你知道吗？补充强化训练与跑步训练的平衡 ·············· 049

＜运动装备的基础知识＞ ✓
● 如何选择适合自己的运动鞋、运动服等运动装备 ············· 050
　　　▶▶▶ 选择合适产品的判断标准 ························· 050
　　　▶▶▶ 选择运动鞋的关键是舒适度和气垫性能 ············· 051
　　　▶▶▶ 了解长跑运动装备 ······························· 052

＜饮食、营养的基础知识①＞ ✓
● 注意合理膳食，增强体质与完善体能管理 ··················· 054
　　　▶▶▶ 注意合理膳食 ··································· 055
　　　　跑者自测 根据跑步时间合理安排膳食 ················ 055

＜运动伤害的基础知识＞ ✓
● 常见跑步运动伤害的基础知识和处理方法 ··················· 056
　　　▶▶▶ 一旦发现异常，应及时治疗 ······················· 056
　　　　跑者自测 受伤的主要种类 ························· 057
　　　　跑者自测 了解受伤的主要原因 ······················ 058
　　　▶▶▶ 保持训练、饮食、睡眠的平衡 ····················· 059
　　　▶▶▶ 根据身体状态灵活安排休养 ······················· 059

＜训练计划的制订方法＞
训练计划 ◎ 无运动经验者模式（准备期） ················· 060
　　　▶▶▶ 注意以较慢速度持续活动身体 ····················· 060
训练计划 ◎ 标准模式（准备期） ························· 062

| ▶▶▶ 提升体力 & 适应长距离跑步的计划表 | 062 |

训练计划 ◎ 有运动经验者模式（准备期） ········· 064
　　　　　▶▶▶ 有信心也要注意合理分配跑速 ········· 064

专栏2 对话川越总教练 / 跑者们的 Q & A ② ········· 066

第2章　培养耐力基础

深入训练一期 ········· 067

<练习前 / 深入训练一期的心理准备>

● 适应长距离奔跑，培养耐力基础 ········· 068
　　　　　▶▶▶ 逐渐拉长跑步距离，最后达到 20 千米 ········· 069
　　　　　▶▶▶ 适当使用有氧运动和无氧运动以提高水平 ········· 069
　　　　　你知道吗？根据脉搏数区分有氧运动和无氧运动 ········· 069

<模拟跑步练习的基础>

● 模拟跑步练习使姿势定型 ········· 070
　　　　　▶▶▶ 掌握四个重点，形成适合自己的姿势动作 ········· 070
　　　　　跑者自测　把握正确姿势的要点 ········· 071

<练习前 / 深入训练一期的目标>

● 以 20 千米为目标，培养耐力、速度保持能力、速度感 ········· 072
　　　　　▶▶▶ 马拉松训练的真正开始 ········· 072
　　　　　项目清单　确认深入训练一期的训练要点 ········· 073

<跑步训练>

训练项目 05 ◎ 长距离慢跑（LSD） ········· 074
　　　　　▶▶▶ 建立起可跑完长距离的自信 ········· 074

训练项目 06 ◎ 渐进加速跑 ········· 076
　　　　　▶▶▶ 分阶段提高速度 ········· 076

训练项目 07 ◎ 越野跑 ········· 078
　　　　　▶▶▶ 利用自然地形进行训练 ········· 078

训练项目 08 ◎ 斜坡冲刺跑 ·· 080
　　　▶▶▶ 强度较大，要根据身体状况进行训练················ 080

<饮食、营养的基础知识②>
提高能力与完善体能管理必备的基础营养知识················ 082
　　　▶▶▶ 了解五大营养元素，均衡膳食······················ 082
　　　　　跑者自测 提高水平不可或缺的五大营养元素······ 083
　　　▶▶▶ 准备型饮食和护理型饮食···························· 084
　　　　　跑者自测 针对不同的训练内容安排饮食·········· 085

<训练计划的制订方法>
训练计划 ◎ 目标为完赛模式（深入训练一期）················ 086
　　　▶▶▶ 使用难度较低的训练计划，达到跑完全程的目标 ······· 086
训练计划 ◎ 初学者模式（深入训练一期）······················ 088
　　　▶▶▶ 逐渐延长练习距离，直至 20 千米···················· 088
训练计划 ◎ 跑进 4 小时模式（深入训练一期）················ 090
　　　▶▶▶ 一周中的训练要张弛有度···························· 090
训练计划 ◎ 跑进 3 小时模式（深入训练一期）················ 092
　　　▶▶▶ 适合高级练习者的高强度训练计划················· 092

专栏3 对话川越总教练／跑者们的 Q & A ③ ················ 094

第 3 章　培养跑完全程所必需的耐力

深入训练二期 ··· 095

<练习前／深入训练二期的心理准备>
● 培养跑完马拉松全程所必需的耐力 ···························· 096
　　　▶▶▶ 最低目标和更高目标·································· 097
　　　　　你知道吗？不同级别比赛速度的标准················ 097

<练习前／深入训练二期的目标>
● 以 30 千米为目标，注意保持与比赛相同的速度············ 098

▶▶▶ 以比赛速度坚持跑完 30 千米·················· 098
项目清单 确认深入训练二期中跑步训练的要点·············· 099

< 跑步训练 >

训练项目 09 ◎ 间歇跑 ······················ 100
▶▶▶ 该项目效果较好，风险也较高 ················ 100

< 训练计划的制订方法 >

训练计划 ◎ 目标为完赛模式（深入训练二期）············ 102
▶▶▶ 以慢跑 90 分钟为目标向前跑 ················· 102
训练计划 ◎ 初学者模式（深入训练二期）·············· 104
▶▶▶ 注意避免疲劳累积，完成 30 千米目标 ············ 104
训练计划 ◎ 跑进 4 小时模式（深入训练二期）············ 106
▶▶▶ 逐渐延长训练距离至 30 千米，目标设在每千米 5~6 分钟··· 106
训练计划 ◎ 跑进 3 小时模式（深入训练二期）············ 108
▶▶▶ 认真掌握计划内容，不可急躁 ················ 108

专栏4 对话川越总教练 / 跑者们的 Q & A ④ ············· 110

第 4 章 强化速度，刷新纪录

实践期 ······························ 111

< 练习前 / 实践期的心理准备 >

● 强化速度，改善体质，开启身体的比赛模式·············· 112
▶▶▶ 同时进行多项训练，并注意保养身体 ············· 113
你知道吗？为什么要关注血液状况和身体脂肪含量？······ 113

< 练习前 / 实践期的目标 >

● 想象正式比赛现场，磨炼速度与节奏感················ 114
▶▶▶ 训练与休息的平衡非常重要················· 114
项目清单 确认实践期跑步训练的要点················ 115

< 跑步训练 >

训练项目 10 ◎ 计时跑 ········· 116
▶▶▶ 想象正式比赛，消除不安情绪 ········· 116

< 训练计划的制订方法 >

训练计划 ◎ 目标为完赛模式（实践期）········· 118
▶▶▶ 理想状态是跑够 120 分钟，逐渐增加跑步距离 ········· 118

训练计划 ◎ 初学者模式（实践期）········· 120
▶▶▶ 感受比赛速度，预备比赛 ········· 120

训练计划 ◎ 跑进 4 小时模式（实践期）········· 122
▶▶▶ 掌握跑进 4 小时所需的节奏感 ········· 122

训练计划 ◎ 跑进 3 小时模式（实践期）········· 124
▶▶▶ 要跑进 3 小时，应以不可或缺的速度强化为核心 ········· 124

专栏5 跑者感言①② ········· 126

第 5 章　备赛期间调整身体状况

调整期 ········· 127

< 练习前 / 调整期的心理准备 >

- 将体能的巅峰状态调整至比赛当日 ········· 128
  ▶▶▶ 保持能力，调整好身体状态 ········· 129
  　　你知道吗？备战比赛，调整身体状态 ········· 129

< 练习前 / 调整期的目标 >

- 备战比赛，减轻疲劳，提升身体状态 ········· 130
  ▶▶▶ 自比赛当天向前倒数推算，制订训练计划 ········· 130
  　　项目清单　确认调整期跑步训练的要点 ········· 131

< 饮食、营养的基础知识③ >

- 积蓄能量，迎向正式比赛 ········· 132
  ▶▶▶ 从赛前第 3 天开始大量摄取碳水化合物 ········· 132

跑者自测　了解糖原负荷法 ·················· 133

<训练计划的制订方法>

训练计划 ◎ 目标为完赛模式（调整期）················ 134
　　▶▶▶ 注意不要损耗体力，逐渐消除疲劳 ············ 134

训练计划 ◎ 初学者模式（调整期）················ 136
　　▶▶▶ 通过轻量训练，调整赛前状态 ·············· 136

训练计划 ◎ 跑进 4 小时模式（调整期）············· 138
　　▶▶▶ 若调整期太焦虑，则无法产生好结果 ·········· 138

训练计划 ◎ 跑进 3 小时模式（调整期）············· 140
　　▶▶▶ 以最佳状态走上起跑线 ················ 140

专栏 6　跑者感言③④ ······················ 142

第 6 章　发挥出最佳水平
比赛的策略与方法 ················ 143

<比赛策略>

● 如何在目标时间内跑完 42.195 千米 ············· 144
　　▶▶▶ 充分发挥练习中积累的经验 ··············· 144
　　　　跑者自测　拿下比赛的三个关键 ············· 145
　　▶▶▶ 事先体验场地，感受比赛状况 ············· 146
　　　　你知道吗？看场地时需要注意的地方 ·········· 146
　　▶▶▶ 依据个人能力而非既定目标设定速度 ·········· 147
　　　　跑者自测　分段时间和分段计时 ············ 147
　　▶▶▶ 根据分段时间和剩余体力灵活应对 ··········· 148
　　▶▶▶ 在供水站充分补充水分，预防中暑或脱水 ······· 150
　　　　你知道吗？通过特殊饮品充分补给 ··········· 150
　　　　跑者自测　如果身体不舒服怎么办？ ·········· 151
　　▶▶▶ 了解各种天气状况的应对方法 ············· 152

16

＜比赛当天的对策＞
- 掌握比赛当日流程，做好万全准备 ·················· 154
  - ▶▶▶ 检查从早上开始的行程 ························ 154
    - 跑者自测 把握比赛当天的时间计划 ·········· 155
  - ▶▶▶ 饮食："吃得惯""易消化""富含碳水化合物" ········· 156
  - ▶▶▶ 热身活动：根据目标和天气进行调整 ············ 156
    - 跑者自测 根据水平等级进行调节 ·············· 157
    - 跑者自测 根据气候和身体状态进行调节 ········ 157
    - 跑者自测 确认比赛当天需要携带的物品 ········ 158

＜比赛后的注意事项＞
- 比赛结束后要护理身体，准备下次比赛 ············ 160
  - ▶▶▶ 通过充分的护理和休息恢复体力 ··············· 160
    - 跑者自测 完成比赛后到下次比赛前 ············ 161

专栏 7 跑者感言⑤ ·· 162

第 7 章　伸展训练＆补充强化训练

＜伸展运动＞
训练计划 ◎ 静态伸展 ······································ 164
01 小腿肚① ·· 164
02 足跟腱① ·· 164
03 足跟腱② ·· 164
04 小腿肚② ·· 164
05 大腿（后侧）① ·· 165
06 大腿（后侧）② ·· 165
07 大腿（内侧）① ·· 165
08 大腿（内侧）② ·· 165
09 大腿（前侧）① ·· 166
10 大腿（前侧）② ·· 166

17

11 大腿（前侧）③ ·· 166

12 髋关节（前侧） ·· 166

13 臀部（后侧） ·· 167

14 臀部（侧面） ·· 167

15 腰部周围① ·· 167

16 腰部周围② ·· 167

17 背部周围① ·· 168

18 背部周围② ·· 168

19 肩部周围 ·· 168

20 手臂周围 ·· 168

21 胸部① ··· 169

22 胸部② ··· 169

23 颈部（侧面） ·· 169

24 颈部（后侧） ·· 169

训练计划 ◎ 动态伸展 ··· 170

01 大腿（前侧） ·· 170

02 大腿（后侧） ·· 170

03 臀部 ·· 171

04 髋关节① ·· 171

05 髋关节② ·· 172

06 髋关节③ ·· 172

07 肩关节① ·· 173

08 肩关节② ·· 173

09 髋关节&肩关节① ··· 173

10 髋关节&肩关节② ··· 174

11 髋关节&肩关节③ ··· 174

12 髋关节&肩关节④ ··· 175

13 髋关节&肩关节⑤ ··· 175

< 跑步强化训练 >

01 ◎ 跳跃 ·················· 176
02 ◎ 上下半身联动跳跃 ·············· 176
03 ◎ 后踢 ·················· 177
04 ◎ 抬腿 ·················· 177
05 ◎ 单脚跳跃 ················ 178
06 ◎ 交叉跳跃 ················ 179

< 补充强化训练 >

01 ◎ 扶墙抬腿 ················ 180
02 ◎ 抬臀 ·················· 180
03 ◎ 髋部内收 ················ 181
04 ◎ 侧边抬腿 ················ 181
05 ◎ 髋部外转 ················ 182
06 ◎ 肩胛骨内收 ··············· 182
07 ◎ 背阔肌下拉 ··············· 183
08 ◎ 哑铃上推 ················ 184
09 ◎ 俯卧撑 ················· 184
10 ◎ 弓箭步 ················· 185
11 ◎ 下蹲 ·················· 185
12 ◎ 下蹲跳 ················· 188
13 ◎ 分腿蹲跳 ················ 189
14 ◎ 仰卧收腹 ················ 190
15 ◎ 仰卧卷腹 ················ 190
16 ◎ 仰卧抬腿 ················ 191
17 ◎ 平板支撑 ················ 191

后记 ······················ 193
出版后记 ···················· 195

The Basis & Practice Menu of Marathon

序章

心情愉快地坚持练习、提高水平

川越式
马拉松训练

对于业余跑步者来说，最重要的是享受运动。
只要心情愉快，练习者自然能够坚持练习，从而提高水平。
本章将帮助您理解马拉松训练的基本理念，
帮助您轻松而高效地提高水平。

川越式马拉松训练注意事项 之①

▶▶▶ 心情愉快地进行训练相当重要

马拉松绝不是一项轻松的运动，42.195千米的奔跑距离对谁来说都并非易事。但是，马拉松有着许多特有的魅力，比如跑完全程后的成就感和满足感，在其他体育项目中很难体会得到。而且，对许多人来说，一旦适应后，跑步本身也充满乐趣。

但是，马拉松的这些魅力，只有能够坚持训练的人才能体会得到，三天打鱼两天晒网的人是绝对无法理解的，所以请一定坚持跑下去。为了做到这点，保持愉快的心情就变得非常重要了。练习者没有必要每天都跑几十千米。练习的动机可以是想穿上喜欢的运动服，也可以是希望瘦身、保持身材。无论以何种动机开始练习，只要坚持下去，就一定能体会得到跑步带来的快乐。

另外，随着一定的积累，练习者可以完成例如"跑完马拉松全程"或者"刷新自己的纪录"等各种目标。

川越式马拉松训练注意事项 之②

▶▶▶ 了解跑马拉松必须具备的能力

跑马拉松必须具备的能力能够在跑步的过程中逐渐培养，尤其是在刚开始练习的阶段。跑步能燃烧多余的脂肪、强化心肺功能，使身体自然调整到适合跑马拉松的状态。不过，如果只是闷头跑步，就不一定能达到跑完全程或者刷新纪录的目标了。

例如，一直使用错误姿势练习、肌肉力量不足却坚持高强度训练、厌倦跑步或者受伤，这些都让练习者离目标越来越远。

因此，我们先从了解跑马拉松必须具备的能力开始吧。重点是姿势、心肺功能、精神力量、肌肉力量这四个方面的能力，这些能力不仅应用于跑步，也在模拟跑步练习（第070页、第176~179页）和强化练习（第042~049页、第180~191页）等跑步以外的练习中需要用到。

你知道吗？ 跑马拉松必须具备的能力有哪些？

① 正确的姿势

正确的姿势不仅能够帮助练习者充分发挥能力，也有助于预防伤病。重点是"避免骨盆后倾""脚心平面着地""流畅移动重心""脚后跟上提"这四点（第071页）。

② 较强的心肺功能

强化心肺功能、降低心率可以帮助练习者承受高强度训练，最终提高能力。

③ 百折不挠的精神力量

跑马拉松不能只凭借耐力盲目地练习，还需要有愉快的心情、达成目标的坚强意志、身体状况不佳时勇于坚持的精神力量以及随机应变的灵活性。

④ 适度的肌肉力量

肌肉在马拉松比赛中起着重要作用，但练习者也不必一定肌肉发达。不过，跑步时必备的肌肉，比如能给跑步带来稳定感的躯干和腿部的肌肉都应该加强训练。

川越式马拉松训练注意事项 之③

▶▶▶ 理解训练的目的

马拉松训练是一个总称，具体来说分为几个类型，每个类型都有各自的目的，在此介绍一下本书涉及的马拉松训练的类型和主要目的。

第一种是基础训练，分为健走和慢跑。从适应跑步、掌握姿势要领的基础阶段到整合身体状态的调整阶段都会有所涉及，应用范围相当广泛。

第二种是耐力训练，该训练的主要目的是通过长距离的慢跑强化练习者的耐力。

第三种是速度训练，该训练包括斜坡冲刺跑、间歇跑（快跑→慢跑的反复练习）等，有助于提高练习者的速度。

第四种是补充强化训练，该训练旨在锻炼跑步训练中无法充分锻炼的肌肉力量，有助于促进跑步训练。

你知道吗? 了解各项训练的目的

① 基础训练

从掌握跑马拉松正确的姿势开始到调整阶段为止，可应用于较大范围的练习。

- 健走→第034页
- 慢跑→第036页

③ 速度训练

提高练习者的速度。该训练可以刺激身体机能，帮助练习者消除疲劳。

- 短距离全速冲刺跑→第040页
- 斜坡冲刺跑→第080页
- 间歇跑→第100页

② 耐力训练

增强练习者的体能耐力，这是跑完马拉松全程的基础。

- 配速跑→第038页
- 长距离慢跑（LSD）→第074页
- 渐进加速跑→第076页
- 越野跑→第078页
- 计时跑→第116页

④ 补充强化训练

通过增强肌肉力量提高跑步成绩，具体请参照第042~049页、第180~191页。

川越式马拉松训练注意事项 之④

▶▶▶ 了解自己的能力，调整训练的质与量

进行跑步训练时，心率是衡量负荷的指标。所谓心率是指心脏在一分钟之内收缩的次数。安静时，心率大约在60~70次/分；剧烈运动之后，心脏要向全身各处输送血液，心率会增加；停止运动后，心跳逐渐放慢，接近安静时的心率。

测量心率有利于练习者把握训练时的身体负荷程度。右表是根据本书介绍的方法进行训练时的标准心率。例如，慢跑训练时心率是130~150次/分，该速度说明训练产生了一定的身体负荷。但是，如果心率只有100~120次/分，则可能存在身体负荷不足的问题，这种情况下，练习者应该加快速度，给身体制造与慢跑训练相适应的负荷。

要实现边跑边测量心率，就必须佩戴能测量心率的手表。练习者需要在训练结束后立即测试一分钟的心跳次数，确认训练是否达到了合理的强度，并在之后的训练中加以调整。

标准心率（次/分）	
平时	60~70
健走	100~120
慢跑	130~150
短距离全速冲刺跑	无需考虑
渐进加速跑	140~180
长距离慢跑（LSD）	120~140
配速跑	160~180
越野跑	160~180
斜坡冲刺跑	无需考虑
间歇跑	180以上
计时跑	160~180

心率的测量方法

训练后10秒内，将手指搭在手腕上测量心率，约测量30秒再乘以2即是当时的心率。

005

川越式马拉松训练注意事项 之⑤

▶▶▶ 备赛期可分为五个阶段

本书将备赛期分为五个阶段,下面将分别介绍每个阶段的目的和训练方法。

具体来说,到比赛日之前,练习者从准备期开始,要经历深入训练一期、深入训练二期、实践期、调整期等阶段。训练的内容和次数、时间等根据练习者的能力和目标时间而异。练习者应当避免不分情况的盲目训练,关注如何高效地提高能力。本书将从理论的角度对此加以说明。

本书将介绍每个阶段的背景知识、达成目标的必备理论等多方面的内容,请您在开始练习前仔细阅读。

你知道吗? 了解五个训练阶段

本书的第1~5章根据各个训练阶段分别成章。每个阶段(每章)均有相应的理论和训练内容供您学习。

调整期(第5章)
这是赛前调整身体状况的阶段。该阶段的主要目的是提升比赛状态。

深入训练二期(第3章)
练习者在该阶段的目标是跑完30千米,这也是练习提高耐力的最后一个训练阶段。

准备期(第1章)
该阶段旨在适应跑步。练习者通过每周2次的慢跑训练,从各个角度全面熟悉跑步的感觉。

实践期(第4章)
练习者在该阶段需要强化速度,培养比赛的节奏感。同时,调整身体状态,避免赛前疲劳也很重要。

深入训练一期(第2章)
练习者在该阶段的目标是跑完20千米。需要注意,这里说的并非是一次性地完成20千米,而是循序渐进,逐渐增加奔跑距离。

准备期 → 深入训练一期 → 深入训练二期 → 实践期 → 调整期 → 比赛当天

川越式马拉松训练注意事项 之⑥

分四个级别进行训练

有的选手目标是跑完全程,有的选手则旨在跑进3小时,对于他们来说,虽是同一阶段的练习,需要掌握的练习内容和重点却有所不同。

因此,本书按水平将选手分为"目标为完赛""初学者""跑进4小时""跑进3小时"四个级别,并针对每个级别提供了大量的信息。

这里需要特别注意的是,练习者训练的依据应该是个人能力而非设定的目标。首先,如果您是首次挑战马拉松,请从"目标为完赛"级别的训练开始练习。而那些虽以完赛(5~7个小时)为目标,却能够轻松掌握训练内容的练习者,可以直接升级到"初学者"级别;相反,如果难以掌握该级别的内容,则可以选择降低练习的级别。

认真消化目标级别所需的训练内容非常重要。如果执意坚持练习高级别的内容却无法消化,将难以达到理想的训练效果。评测自己的能力,并且依照能力设定适当的目标,才能更好地掌握训练的内容。

你知道吗? 练习者根据自身情况决定训练内容

①目标为完赛(5~7小时)

本级别适合以完赛为目标的练习者,首次挑战马拉松或者不擅长运动的朋友可以选择该级别。练习者没有必要勉强设定时间目标,只要途中不改为走路,坚持慢跑,一般都能在7个小时之内跑完全程。

②初学者(4~5小时)

有运动经验或跑过马拉松的朋友,可将目标定为4~5个小时内完成。只要能认真掌握每个阶段的训练内容,达到该目标并不难。所以,如果完成得较为轻松,也可以将目标设定为高一级的"跑进4小时"级别。

③跑进4小时(3~4小时)

该级别适合有跑完马拉松全程经验并希望达到更高目标的练习者。从该级别开始,达成目标的难度将骤增。练习者在认真掌握训练内容的同时,也需要注意防止受伤。

④跑进3小时(2~3小时)

该级别可谓业余选手追求的最高目标。如果没有4小时内跑完全程的经验,将很难达到该级别。练习者需要做各种努力来提升自己的水平,比如每天的饮食和健康调理等各个方面均需引起注意。

川越式马拉松训练注意事项 之⑦

▶▶▶ 制订训练计划

训练需要有计划地进行。虽然因为练习者的能力和所处阶段不同，不能一概而论，但基本应坚持每周进行1~2次旨在提高能力的"重点训练"，其余时间进行"补充训练"（大约2~3天），以防止能力退化。"补充训练"也是用来消除疲劳的时间。在重点训练中遭到破坏的细胞如果没被及时修复，之后的训练效果就会大打折扣。练习者可将伸展练习、模拟训练和补充强化训练进行组合，制订一周到一个月的训练计划。本书根据练习者不同的能力和所处的不同阶段制订了计划范例，读者可参考这些范例制订出属于你自己的训练计划。

需要注意，练习者不必被训练计划所束缚，感到疲劳时仍然进行高强度的训练不会达到理想的效果。因此，疲劳时应采取灵活的训练方法，比如切换为强度较小的慢跑训练。制订出完善的训练计划，再根据当天的身体状况灵活处理，不要过于死板。灵活性对于训练计划的制订十分重要。

你知道吗? 一周训练计划范例

周一	周二	周三	周四
休 息 仅做伸展练习	●慢跑2千米 ●短距离全速冲刺跑3次	休 息 仅做伸展练习	●配速跑 6千米 设定速度： 每千米6分30秒

周五	周六	周日
休 息 仅做伸展练习	●慢跑30分钟 ●短距离全速冲刺跑3次	●配速跑20千米 设定速度： 每千米6分00秒

此表是深入训练一期（参考第2章）的范例。补充训练为周二和周六2次，重点训练为周四和周日2次，除此以外的周一、周三、周五为休息时间。

练习者感到十分疲劳或是身体不适时，不必死板地参照计划，应采取减轻练习强度、改为伸展训练等措施，先解除疲劳。

训练计划以一周为单位，然后扩展至一个月，一直到比赛当天。请参考本书提供的范例，制订出属于你自己的训练计划。

川越式马拉松训练注意事项 之⑧

▶▶▶ 记录训练日志，掌握身体状况

在训练的过程中，掌握自己的身体状况十分重要。状况好时可以进行一些高强度的训练；相反，身体状况较差时，应换为强度较低的训练内容，有助于消除疲劳。因此，我们有必要养成记录训练日志的习惯，来准确掌握自己的身体状况。

日志至少要包括以下五个内容："跑步训练内容""补充强化训练""体温""心率""心得"。如果时间充裕，可以再记录血压、训练前后的体重、起床和就寝时间、排便状况等。

尤其在"心得"一栏中，不仅要记录跑步的距离，还要说明选择该距离的原因、实际训练后的感觉等内容。将这些数字无法体现的感觉写下来，加上身体状况的记录，可以帮助练习者掌握练习的动机等自身意识层面的内容。

你知道吗？ 训练日志范例

项目		某月1日（周六）	某月2日（周日）	某月3日（周一）
跑步训练内容		慢跑2千米 短距离全速冲刺跑3次	配速跑 20千米 （设定速度：每千米6分00秒）	完全休息
补充强化训练		以躯干、上半身为主	以躯干为主	无
体温		35.8℃	36.0℃	36.6℃
安静时的心率		62次/分	64次/分	78次/分
起床时间		7点	7点30分	7点
就寝时间		0点30分	23点	23点
训练前后的体重		54.5kg→54.0kg	54.3kg→53.1kg	53.9kg
排便状况		正常	正常	正常
饮食	早	米饭、酱汤（青蛤）、煎荷包蛋、火腿、纳豆、酸奶	米饭、酱汤（豆腐和裙带菜）、煎鸡蛋、炝炒牛蒡丝、奶酪、酸奶	面包、炒鸡蛋、番茄沙拉、酸奶、西柚
	中	肉丝乌冬面、番茄沙拉、香蕉	番茄意大利面、菠菜培根炒肉、蔬菜通心粉汤	米饭、水煮菜、杂菜汤、蔬菜沙拉、煮鸡蛋
	晚	米饭、中式蔬菜汤、烤鸡腿肉、温蔬菜沙拉、煮鸡蛋	米饭、铁板烧、杂菜汤、温蔬菜沙拉	米饭、杂烩汤、豆腐炒苦瓜、煎猪肝、萝卜沙拉、煮鸡蛋
心得		该补充练习旨在消化预定内容。开始训练时感到有些疲倦，后半段恢复正常。未提高速度。食欲正常。	注意保持了一定的速度，后半段因疲劳而减速，需要重新设定速度。今天非常疲惫，认真做了伸展练习，睡得很早。	昨天的疲劳未完全恢复，起床时心率较快。早上步行上班活动身体，晚上做了伸展练习恢复体力。

川越式马拉松训练注意事项 之⑨

▶▶▶ 练习时奔跑距离不要超过30千米

即便是顶尖的选手,训练时我也不会让他跑30千米以上。那么,对于马拉松的初学者来说,第一次跑30千米以上的距离是在正式比赛时。因此,理所当然地每个人都会问这样的问题:"训练时从未跑过全程,正式比赛时能做到吗?"

实际上,在我的运动员时代,训练时何止跑30千米,一次跑42.195千米以上的距离也是家常便饭。但是,当我成为教练后,发现了频繁进行长距离跑步训练的缺点。

诚然,如果比赛前能够跑42.195千米以上,选手会产生充足的自信,并且会感到安心,也有助于培养耐力。但是,相比其优点,长距离跑步训练的缺点更为突出。最大的缺点在于,该训练方法对选手的身体有损耗。跑30千米以上对身体来说是巨大的负担,恢复体力也需要一定的时间。因此,带着一定的身体损耗继续训练,又会增加新的损耗,带到下一次的训练之中。如此就像滚雪球一样,对身体的损耗会越来越大。

这种训练的结果就是,选手训练的质量无法达标,能力的提高也会受阻。另外,因为选手是以疲劳的身体参加比赛的,结果自然也难以令人满意。

跑30千米以上……

优点
- 感觉安心
- 提高耐力

但是……⬇

缺点
- 对身体损耗较大
- 疲劳消除得比较慢
- 受伤几率增加

结果……⬇

训练效果不佳!

▶▶▶ 以最佳状态坚持练习

基于上述原因,我将训练中的奔跑距离限制在30千米以内。即便练习者在训练中跑不够42.195千米,只要坚持高质量的训练(如图②),完全可以培养出足够的能力,拥有跑完全程所需的体力和速度。

相反,如果一次训练跑30千米以上的长距离,之后几天的训练效果都会下降,无法保证高质量的训练(如图①)。另外,因为对身体的损耗增加,可能会出现疲劳恢复迟缓、受伤几率增加等问题。

要在比赛中充分发挥自己的水平,就必须在比赛前进入万全准备的状态。通过有计划的训练提高能力,以从内到外焕然一新的好状态迎接比赛,结果自然水到渠成。

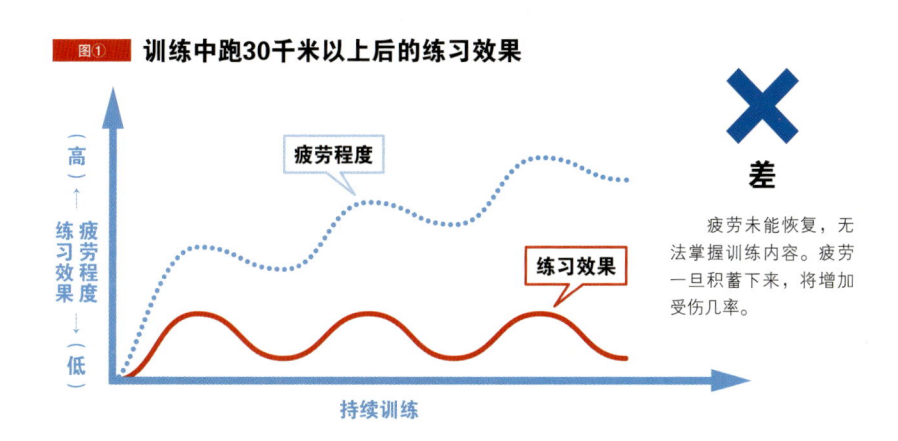

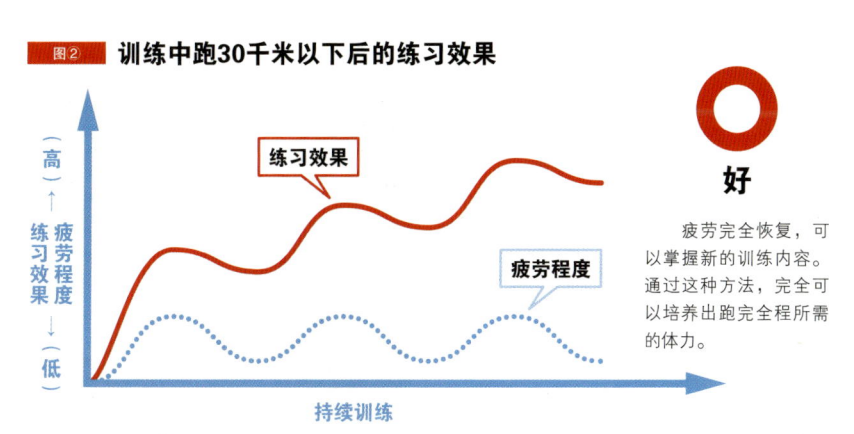

图① 训练中跑30千米以上后的练习效果

✖ **差**

疲劳未能恢复,无法掌握训练内容。疲劳一旦积蓄下来,将增加受伤几率。

图② 训练中跑30千米以下后的练习效果

〇 **好**

疲劳完全恢复,可以掌握新的训练内容。通过这种方法,完全可以培养出跑完全程所需的体力。

Column About the Marathon

川越教练为您解答疑问，助您解决烦恼！

▶▶▶ 对话川越总教练/跑者们的 Q & A ①

"提高效率的秘诀"篇

Q1 我工作很忙，只有周末能够练习跑步。如何才能在每周只能跑1~2次的情况下，提高练习的效率？

A 马拉松运动需要"速度"加"耐力"，训练就是要不断提高这两种能力。因此，您可以用一天进行与速度相关的练习，另一天进行较慢的长跑练习。只有周末练习的情况下，理想状态是周六进行速度练习，周日进行长跑练习。

Q2 我在跑完后很久不能恢复体力，无法进行后面的训练，如何才能迅速消除疲劳？

A 跑完后请一定做放松活动，消除体内积聚的容易导致疲劳的酸性物质。冰敷脚掌和脚踝、腿肚、膝盖、大腿、骨关节等部位也有一定效果，可以尽量多做。尽快补充营养，定期接受按摩等也有一定作用。

Q3 我爱喝酒，跑马拉松是不是需要先戒掉？

A 没有关系。我也很爱喝酒，跑完后来一瓶啤酒真是爽透了（笑）。因训练疲劳造成食欲缺乏时，适量喝酒有助于增强食欲。但请注意不要过量喝酒，尤其是比赛前一天，一定要比平时更加注意。

The Basis & Practice Menu of Marathon

第1章

马拉松运动的基础
准备期

开始正式的马拉松训练之前，
练习者需要具备一定的体力和肌肉力量，
准备期就是为了培养这些基础能力而设计的。
尚未跑过马拉松或是有较长间歇期的练习者，
可以从准备期开始练习。

练习前/准备期的心理准备

为开始训练打下基础

准备期的目的是为开始正式的马拉松训练打下身体条件基础，这里重要的是坚持。
请在训练中寻找属于你自己的乐趣，并坚持跑下去。

适应较长的时间和距离

练习者要提高基础体能，适应跑马拉松需要的较长的时间和距离。不要勉强，而是应该有意识地保持一定的节奏。

减少多余动作

多余的动作会造成体力损失，甚至引起受伤。虽然准备期不需要过于注重细节，但我们应该了解高效的跑步方式。

心情愉快地坚持训练

坚持对于马拉松训练来说十分重要。练习者需要努力将跑步变成一种乐趣，例如"穿上喜欢的衣服跑步""结识跑友"等乐趣。

调节身体，适应马拉松

要达到跑完全程或者提高纪录的目标，必须具备适合跑马拉松的身体条件（见右页）。练习者应掌握准备期的训练内容，调节身体以适应马拉松运动。

▶▶▶ 心情愉快地坚持训练十分重要

准备期是在开始正式的马拉松训练前创造身体条件基础的阶段。该阶段的重点是"适应跑步""调节身体以适应马拉松""愉快地坚持训练""减少多余动作"四项。

有许多练习者在这个阶段进展不顺利而选择放弃。原因很多，例如厌倦了繁重的反复练习、受伤后不愿继续训练等。

马拉松运动最重要的素质就是坚持不懈。但是，这并不意味着每天都必须跑步训练。练习者应该有长期目标，不要勉强，应以适合自己的节奏进行训练。如此，身体自然能够适应马拉松运动，跑步也会变成一种享受，产生乐于跑步的意愿，形成良性循环。

综上，在准备期，练习者应以享受跑步为目标，培养良好的跑步习惯。

你知道吗？ **跑马拉松需要具备哪些身体条件？**

适合跑马拉松的人，需要同时具备以下四点身体条件。定期训练，量力而行，您自然也能拥有这些条件。

① 体力基础

不习惯运动的人，或是距离上次参赛已有较长间隔时间的人，可能存在体力不足的问题。要培养体力基础，需要定期进行跑步训练，时间较短也无妨。

② 身体脂肪含量较少

如果身体有多余的脂肪，就意味着负重跑步，影响跑步效果。跑步能够燃烧脂肪，高效训练可以打造完美的身体脂肪含量指数。

③ 心率不会过快

参加同样强度的运动，如果心率较慢，呼吸就不会过快，也就是说，进行同样强度的训练，心率较慢者将感到相对轻松，这样才能进行较高强度的训练。

④ 肌肉力量

练习者无需肌肉发达，但应锻炼好以躯干为中心的跑步所需的肌肉。具备了必需的肌肉力量，跑起马拉松来才会感到轻松。

马拉松基础姿势（站立）

跑法解说：从直立站姿开始

正面

全身
自然放松。
肩部用力容易
导致动作失衡

躯干
保持笔直。
躯干一旦不稳定，
姿势容易变形

双脚
双脚展开与
肩部同宽，脚尖朝前，
以便于迈步

▶▶▶ 站立→步行→跑步之间具有联动性

理想的跑步姿势因人而异，因为每个人的肌肉力量和骨骼情况不同。但是，如果姿势过于随意，容易造成体力损失，甚至导致受伤。

这里，我们至少需要了解一些跑步的基本姿势。

要掌握姿势要领，首先要站直。站得直才能走得直，走得直才能跑得直。要理解"站""走""跑"之间是具有联动性的。

动作的重点是感知自己躯干的姿势，用双脚的拇指球分担同等重量的体重，想象头顶有一根绳子将自己拉直，就容易站得直。

侧面

面部
笔直向前看,视线固定在一个方向,保持这个姿势不动

背部肌肉
肌肉绷直。
理想状态是从头部到背部呈一条直线

注意! 左右两个拇指球分担同等体重

拇指球指的是大拇指根部再往下一些的部位(见右图)。两脚的拇指球分担同样的体重,直立姿势才能稳定。跑步时也需注意把重心放在拇指球上。这里我们先从站姿练起,感受让拇指球分担同等体重的感觉。

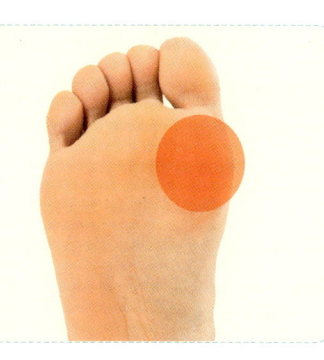

马拉松基础姿势（第一步，落地）

跑法解说 | 迈出第一步，落地

全身动作

| POINT 1 | 感知躯干的位置，将重心放在拇指球上，放松直立 | POINT 2 | 向前迈出跑第一步的脚，脚后跟先着地 | POINT 3 | 身体重心转移到前脚上，用整个脚掌承担体重 |

▶▶▶ 脚后跟先着地，用整个脚掌承担体重

能够笔直站立后，接下来要迈出第一步。如果站得直，自然能够流畅地迈出第一步。先迈左脚或右脚均可。

需要注意，着地的方法非常重要。关键是脚后跟要先着地，但是不能过分追求脚后跟着地而试图将身体全部重量都压在脚后跟上。脚后跟负担过重有可能会导致受伤。

练习者可以想象，脚后跟着地的同时，用整个脚掌抓地，这个动作有利于减轻脚部的负担，落地动作会更加顺畅。

脚部动作

| POINT 1 | 迈出的脚用脚后跟先着地，不可以用脚尖先着地 | POINT 2 | 脚后跟着地后，用整个脚掌承担体重 | POINT 3 | 用拇指球部位用力蹬地，顺势迈出第二步 |

注意！ 脚尖先着地会加大脚的负担

如果用脚尖先着地，会对小腿肚等部位造成较大负担。这种跑步姿势虽然在短距离跑步和许多球类比赛中十分有效，但对于长距离马拉松练习者来说，并非好的落地姿势。负担过重容易造成腿部痉挛，所以请练习者在练习时一定用脚后跟先着地。

马拉松基础姿势（步行）

跑法解说：从第一步到步行

侧面

| POINT 1 | 脚后跟先着地，用全脚掌着地前行 | POINT 2 | 手臂自然摇摆，肘部微曲，近似被向后拉的感觉 | POINT 3 | 视线投向远方，背部肌肉自然伸展，保持身体平衡 |

▶▶▶ 通过健走练习基础动作

迈出第一步后，继续向前步行。健走的速度较慢，可以边走边调节迈步动作、摆臂动作和腰部的高度等。因此，健走对于掌握基础动作非常有效。

动作顺序是脚后跟着地→脚掌整体支撑体重→移动重心迈出第二步，整个动作要连贯地做下来。保持第二步、第三步迈步的动作与第一步相同，这非常重要。用整个脚掌着地，再将重心移动到前脚的正上方，再迈下一步会非常流畅自然。

练习者要配合双脚动作做好摆臂动作，才能为跑马拉松打下良好的姿势基础。

正面

> **脚尖**
> 朝向前进的方向，如果偏内或者偏外，膝盖和腰部的负担将会加重

> **着地位置**
> 着地时想象双脚都落在身体的中心线上

注意！ 腰部保持在固定的高度，有助于轻松前进

请注意腰部要保持在固定的高度。行进中腰部的位置如果上下浮动，身体也会随之上下运动，减少前进的推进力。腰部上下浮动的原因是身体躯干不够稳定，练习者应有意识地调整腰部的位置，拉伸背部肌肉，将体重落在向前迈出的脚上，再移动重心前行。

跑法解说	从步行到跑步①

快步跑法

马拉松基础姿势（跑步,快步跑法）

检查！
视线朝向正前方

POINT 1 跑步步幅较小,步伐频率快

POINT 2 脚后跟着地,整个脚掌承受体重

POINT 3 配合步幅,充分摆动手臂

▶▶▶ 小步幅、高频率的跑法

掌握正确的健走姿势后,其动作可以直接运用到跑步中。跑步姿势大体可分为快步跑和大步跑（第024页）两种。两种跑法无优劣之分,练习者可以根据自己的体型、肌肉力量和柔韧性等选择适合自己的跑法。

快步跑指的是用较小的步幅,加快步伐频率的跑法,这种跑法不仅可以使身体的上下活动幅度变小,保证跑步状态的稳定性,也能减轻脚部的负担,适合没有运动习惯的练习者采用。

但是,每个练习者都会有不同的理想姿势,因此,练习者需要在掌握基本动作的基础上,探索最适合自己的跑步姿势。

> **检查!**
> 即使步幅变小,也不要降低腰部的高度

| POINT 4 | 身体上下方向的运动幅度越小,落地时的冲击力越小 | POINT 5 | 跑步途中加减速十分方便 | POINT 6 | 注意腰部的位置不要上下移动,这样跑步会更稳定 |

注意! 快步跑法易于调整跑步节奏

借由步伐速度的变化,快步跑法可以轻松地加快或减慢跑步节奏。练习者想提高速度时,会下意识地加大步幅,这样会加大脚部的负担,因此采用加快步伐频率的办法,可以在将脚部负担降至最低的同时提高跑步速度。

跑法解说	从步行到跑步②

大步跑法

POINT 1 步幅较大,充满活力

POINT 2 注意每一步都不要让腰部往下沉

POINT 3 感受用脚拇指球用力蹬地的感觉

检查!
无论采用何种跑法,视线始终向前

▶▶▶ 用较大步幅,充满活力地奔跑

大步跑法与快步跑法不同,采用加大步幅的方式来提高速度,是一种能彰显活力、更有观赏性的跑法。

按道理来说,如果能在加大步幅的基础上加快步伐频率,将是最快的跑法,但是大步跑法在落地时的冲击力比快步跑法更大,需要练习者具备相应的肌肉力量。大步跑法适合体力好、肌肉力量强、腿较长(身高较高)的练习者。

练习者自己很难判断是否具备大步跑法所需的肌肉力量和体格,因此建议先采用快步跑法,再逐渐加大步幅,找到最适合自己的步幅。

> **检查!**
> 伸展背部肌肉，不要驼背

| POINT 4 | 配合步幅，加大摆臂幅度 | POINT 5 | 着地时的冲击力较大，需要一定的肌肉力量 | POINT 6 | 变换跑步节奏时，最好改变步幅。 |

> **注意!** **找到最适合自己的步幅**
>
> 　　大步跑法多见于国外选手，而对于日本选手，即使是顶尖选手也并不容易掌握，但这并不一定表示日本人绝不适合大步跑法。确定适合自己的体型和肌肉力量的跑法，有助于实现跑完全程的目标或是缩短完成时间。

025

跑前热身与跑后放松的基本理论

跑前热身与跑后放松的基础

跑前热身能提高体温，跑后放松有助于在训练后护理身体。
练习者需要理解其要点，以提高练习效率，预防伤病。

跑前热身的要点
- 心率逐渐加快
- 肌肉得到活动
- 确认当天体能状况

跑后放松的要点
- 心率逐渐变慢
- 消除肌肉疲劳
- 解除身体紧张

▶▶▶ 训练前后必不可少的准备和护理

马拉松训练重在每天坚持，练习者容易累积疲劳，给关节和肌肉造成较大负担，因此需要认真进行跑前热身和跑后放松活动。

热身的目的是为训练或比赛做好准备，具体来说，就是逐渐加快心率、活动肌肉以减轻刚开始练习时的身体负担，增加关节活动度以防止受伤。另外，较高级的练习者通过热身可以确认当天的体能状况，以对训练内容作出调整。跑后放松的目的在于护理身体。练习者通过调整呼吸，逐渐使心率减慢，消除使肌肉疲劳的酸性物质，降低接下来的身体损耗。

练习者需要理解跑前放松和跑后热身的要点，培养持之以恒的习惯，以提高练习的效率，防止受伤。

> ✓ 项目清单　　**一起来确认跑前热身和跑后放松的主要练习项目**

☐ 健走（第034页）

健走既是单独的训练项目，也能作为热身和放松的方法，其目的有逐渐热身、平复心率、学习跑步姿势等。

☐ 慢跑（第036页）

练习者应有意识地使慢跑的节奏比健走更快一些。作为热身和放松的项目，应降低跑步速度。

☐ 静态伸展（第164页）

静态伸展也叫静止性伸展，采用坐或站的姿势，不利用外在的反作用力，缓慢伸展肌肉。建议练习者坚持在跑后放松中使用该练习。

☐ 动态伸展（第170页）

动态伸展也叫能动性伸展，伸展过程中动作幅度大，能充分活动肌肉，特别适用于跑前热身。

☐ 跑步练习（第176页）

该项训练旨在培养跑步时的基础动作，在热身中反复运用，有利于掌握提高跑步效率的技术。

注意！　有意识地伸展肌肉

无论是静态还是动态，伸展练习中需要有意识地锻炼某个部位的肌肉，这样才能将注意力集中在肌肉伸展上，伸展运动的效果也会增强。有的练习者为了放松下来，边听音乐边进行伸展运动，这样一来，会分散练习者对肌肉的注意力，所以做基本的伸展运动时，请不要听音乐。

027

跑前热身与跑后放松的基本理论

了解必须伸展的身体部位

这一节我们来了解一下马拉松运动中经常用到的肌肉，也就是应该伸展的身体部位。练习者在做伸展运动时应该能意识到正在锻炼哪些肌肉，以提高伸展运动的效果。

> **你知道吗？** **伸展的部位大体分为五处**

① 肩关节
主要是肩关节周围的肌肉。除了摆臂时必须用到的肩胛骨周围的肌肉，手臂的肌肉也要认真拉伸。

② 躯干部位
指的是腰、腹、骨盆周围，该部位支撑并联结着控制摆臂的肩关节和控制脚步的髋关节的活动，十分重要。

③ 髋关节
髋关节控制着腿部的动作，并承担着体重，是十分重要的关节。伸展运动时需要活动大腿根部和臀部的肌肉。

④ 大腿部位
大腿部位关系到脚部着地的动作和髋关节与小腿间的协调性，练习者应认真拉伸大腿的内侧和外侧。

⑤ 小腿部位
小腿部位指的是小腿肚和跟腱等膝盖以下部位的肌肉，该部位肌肉体积较小，过度使用易造成疲劳甚至受伤，因此需要认真进行拉伸。

你知道吗? 跑前热身的概念和练习方法

跑前热身指的是使练习者改变身体沉睡的状态，逐渐提高运动强度的练习。跑步初始阶段如果感到劳累，有可能是因为热身运动做得不够。

① 健走

- **时间** 5分钟
- **要点** 旨在使身体热起来，速度不必很快。在只进行慢跑和健走的训练日，可以省去该步骤。

➡ 具体训练参见第034页

② 慢跑

- **时间** 5分钟
- **要点** 以较慢速度跑步。慢跑是由健走到正式训练的过渡。在只进行慢跑和健走的训练日，可以省去该步骤。

➡ 具体训练参见第036页

③ 静态伸展

- **时间** 5分钟
- **要点** 练习者采取坐姿或站姿慢慢拉伸肌肉。如果感到左右两边肌肉的拉伸感不均衡，则重点拉伸感觉较弱的一侧的肌肉。

④ 动态伸展

- **时间** 10分钟
- **要点** 通过动态的、有节奏的动作伸缩肌肉，练习到呼吸稍微加重为止。

⑤ 跑步练习

- **时间** 5~10分钟
- **要点** 该训练的目的是使练习者规范姿势和提高奔跑能力。练习者需要量力而行，将每个动作做到位。疲劳时不可进行此训练。

➡ 具体训练参见第164页

➡ 具体训练参见第170页

➡ 具体训练参见第176页

跑前热身与跑后放松的基本理论

你知道吗? 跑后放松的概念和练习方法

跑后放松指的是使练习者改变心率较快和身体疲惫的状态，逐渐降低运动强度的练习。如果身体某个部位肌肉比较紧张，尤其应通过跑后放松使肌肉松弛下来。

① 健走

- **时间** 2分钟
- **要点** 慢速步行，调整呼吸。在只进行慢跑和健走的训练日，可以省去该步骤。

➡ 具体训练参见第034页

② 慢跑

- **时间** 5~10分钟
- **要点** 与跑前热身类似，以较慢速度跑步。训练后不宜立刻休息，而是应稍微活动身体，这样更有利于消除体内积聚的疲劳物质。

➡ 具体训练参见第036页

③ 动态伸展

- **时间** 5分钟
- **要点** 通过活动使肌肉放松下来，时间不允许的情况下可以省略。

➡ 具体训练参见第170页

④ 静态伸展

- **时间** 10分钟
- **要点** 边放松边缓慢拉伸肌肉，在跑后放松的阶段必须进行该项目。

➡ 具体训练参见第164页

注意! 不必每次练习都做完全套

本书介绍的跑前热身和跑后放松的练习内容比较丰富。理想状况是每次都做这些练习，但或许很多练习者时间有限，难以全部执行。练习者可以参考第164~169页带有★符号的内容，按照缩减版的内容进行练习。此外，练习者可以自己对内容进行取舍，比如根据肌肉的紧张程度适当减少伸展运动。

▶▶▶ 认识、调整身体左右两侧灵活性和活动度的差异

人的肌肉并非完全左右对称。身体左右两侧肌肉的能力（如灵活性、肌肉力量等）因人而异。原因在于惯用手、惯用脚和生活习惯的不同，导致了左右两侧肌肉使用频率也不同。

左右两侧肌肉的能力不同会导致跑步时的身体平衡能力欠佳，比如，髋关节左右的活动度不同，会导致左右两侧步幅不同，跑步时容易使身体失去平衡。

另外，由于左右侧肌肉的疲劳程度不同，会出现一侧的手脚过度疲劳的现象，因此必须尽量消除左右两侧肌肉的差异。有几种静态伸展活动可以帮您确认、调整身体左右两侧关节活动度和肌肉灵活性的差异，请练习者一定试着进行练习。

你知道吗? 确认、改善左右两侧差异的伸展活动

通过交替拉伸身体左右两侧的肌肉，确认肌肉的紧张程度和关节的活动度。如感到两侧有差异，请认真拉伸感觉较弱的一侧。笔者建议在跑前热身和跑后放松阶段的静态伸展活动中进行练习，也可在休息日安排练习。

第①步

一般先进行伸展活动，练习者根据左右两侧关节的活动度和肌肉的拉伸程度确认是否存在左右不均的现象。

要点：
一边放松，一边将注意力放在拉伸的肌肉上，感知身体发出的信号。

第②步

对感到难以伸展开、略显僵硬的肌肉部位进行重点拉伸，使左右两侧关节的活动度和肌肉的拉伸程度一致起来。

要点：
用手按压难以伸展开的部位，认真地进行重点拉伸。肌肉感到高度紧张时，也可采用同样的处理方法。

练习前/准备期的目标

以慢跑为核心，培养"脚力"

培养马拉松运动的"脚力"，即锻炼能适应奔跑42.195千米的体力，可以理解为为马拉松运动打基础（第014页）。
在训练的准备期，我们应将慢跑放在训练的核心地位，以锻炼"脚力"。

准备期的目标
练习能够轻松地连续奔跑30分钟以上。

在准备期养成的能力
① 使身体适应马拉松运动
  ● 培养体力基础
  ● 降低身体脂肪含量
  ● 降低心率
  ● 增加肌肉力量
② 适应跑步
③ 掌握正确姿势
④ 享受跑步乐趣

▶▶▶ **愉快地坚持下去，自然能达成目标**

准备期的目标在于锻炼"脚力"，因此该阶段的练习强度不必太大。练习者如果不量力而行，反而会对马拉松运动失去兴趣，导致前功尽弃。练习时为了保持第二天继续练习的兴致，应以每次都保留一定的余力为宜。

尤其对于目标为完赛的练习者及初学者来说，在尚未完全培养出"脚力"的阶段，练习时保持愉快的心情更为重要。在持续训练的过程中，自然能够培养出跑马拉松所需的"脚力"，如此一来跑步会轻松很多，练习者也自然地能再进行长时间、长距离的训练。

准备期内每周进行2次训练，训练核心是每次30~60分钟的慢跑练习。让我们一起愉快地享受跑步吧！

✓ **项目清单** 　**确认准备期跑步训练的要点**

☐ **健走**（第034页）
掌握正确姿势的步行训练

实例 每周2~3次，每天30分钟左右

要点 无法完成30分钟的慢跑时，可以从健走开始练习。通过健走可以掌握正确的姿势。

☐ **慢跑**（第036页）
慢速跑步训练

实例 每周2~3次，每次30~60分钟左右

要点 以不感到痛苦为标准，通过慢跑燃烧脂肪，使身体适应马拉松运动。练习者需要有意识地采用正确的姿势。

☐ **配速跑**（第038页）
以固定速度进行固定距离的跑步训练

实例 每周1次，每次6~8千米左右

要点 在准备期的训练中，练习者以时间为参考以固定速度进行练习。在能轻松完成30分钟以上的慢跑练习后，可以进而进行该项练习。目标为完赛的练习者和初学者没有必要进行该项练习。

【跑进4小时】6分00秒每千米
【跑进3小时】4分10秒每千米

☐ **冲刺跑**（第040页）
使出八成力量，愉快地进行跑步训练

实例 每周1~2次，每次3组左右

要点 该练习的目的是在大量的慢跑训练中加入刺激因素从而进行调节，有助于练习者振作精神、消除疲劳。

水平等级测评 →**完成以下内容后继续下一阶段（第2章）的练习！**

跑进3小时
能以4分10秒每千米的速度跑完15千米

跑进4小时
能以6分00秒每千米的速度跑完15千米

初学者
能连续跑8~10千米，中途不改为步行

目标为完赛
能连续慢跑30分钟以上

033

跑步训练（健走）

训练项目 01 健走

目标 练习掌握正确的跑步姿势。
该项训练的目的是为跑步打下动作基础、练习跑前热身等。

▌身体放松，手臂微曲，腋下稍稍夹紧

▌注意用脚后跟先着地

▌用整个脚掌承担体重

▶▶▶ 慢步走是训练的第一步

健走是旨在纠正姿势的慢节奏步行训练。在整个马拉松的训练中，该项目强度最小，是训练的第一步。

该项目适合用来达成准备期训练的目标，即适应跑步和培养正确的姿势。练习者在对自己的体力信心不足的情况下，可以从该项目开始训练。在体力逐渐增强后，可以逐渐增加慢跑的时间，量力而行地训练。另外，健走练习的脚步动作和摆臂轨迹与跑训练完全一致，练习者应在慢步走的同时，有意识地牢记各个动作姿势。

该项目也可作为跑前热身（第029页）和跑后放松（第030页）的一个环节进行，练习者需要准确把握动作要领。

对各水平等级的建议

目标为完赛	初学者	跑进4小时	跑进3小时
通过步行可以培养体力基础，因此练习者应积极对待。可以将日常生活中的步行习惯带入练习中。	应该注意该训练中与跑步具有衔接性的动作。练习者的步幅应比平时步行时的步幅大，挺直背部进行练习。	在热身时加入健走的内容，因为健走可以规范动作，有助于练习者提高水平。	热身准备从健走开始，练习时应时常注意使腰部保持较高的高度。

肘部保持弯曲，有意识地向后摆臂

移动重心时，注意腰部不要上下活动

面部和视线笔直朝向前方

注意！ 30分钟健走练习可加速脂肪燃烧

练习时并非漫无目的地埋头步行，而是应挺直背部，目光向前地前行。肘部弯曲呈直角，有意识地前后大幅度摆臂也很重要。健走不仅是一种训练方式，在日常生活中每天走30分钟（距离大概为3千米），身体脂肪就会开始燃烧。以上要点可供各位练习者参考。

训练项目 02　慢跑

目标　该项目是慢速跑步的训练，除了能使练习者适应跑步、掌握姿势以外，也可作为关键项目训练间歇时的训练方式（第 059 页），效果较好。

时常注意腰部位置，保持在固定的较高的高度

脚后跟而非脚尖先着地

摆臂幅度比健走项目稍大

▶▶▶ 注意避免过度加速

从初学者到顶级选手，慢跑对于所有跑者来说都是不可或缺的基础训练。人在奔跑 30 分钟左右后脂肪开始燃烧，有助于打造适合跑马拉松的身材。准备期不必严格限定跑步速度，初学者的速度在每千米 6~8 分钟为宜。

在尚未形成"脚力"的阶段，练习者不能因为练习较为轻松就过度加速，导致无法连续跑 30 分钟以上。慢跑的速度慢一些也无所谓，重要的是练习者能在规定的时间（或距离）内，有余力地完成训练。

练习者应有快乐训练的意识，以练习到呼吸稍微加快为标准，进行长时间的奔跑训练。

对各水平等级的建议

目标为完赛
练习者习惯了用健走活动身体之后,逐渐加入慢跑的内容。刚开始时,可以采用步行和慢跑相结合的方式。

初学者
注意应有意识地采用正确姿势进行练习。不必在意跑步速度,而是要注意逐渐增加距离。

跑进4小时
为了能够适应配速跑（第038页）和渐进加速跑（第076页）的训练,在慢跑项目中要保持固定的速度。

跑进3小时
练习者应结合自身身体状况和训练目的,将慢跑训练分为较快速度的慢跑训练和旨在消除疲劳的慢跑训练等。

▶ 面部和视线朝着前进的方向

▶ 脚尖朝向前进的方向

▶ 将意识集中在身体躯干上能使动作更加稳定

注意！ 采用正确姿势,把握轻快的跑步节奏

练习者应有意识地采用正确的跑步姿势,使腰部保持在较高位置,摆臂要有轻轻敲击小鼓的感觉,用轻快的节奏快乐地奔跑。要注意避免因前半段速度过快造成后程减速的现象。

训练项目 03 配速跑

目标　该项目是要求练习者以固定速度跑完固定距离的训练。该项目除了能培养练习者对速度的感知力以外，也能增强练习者的体力和速度保持能力。

One Point! 建议

以距离标志为标准

进行配速跑训练时，需要把握奔跑的距离和时间，因此最好在有距离标志的地方进行训练。没有标志时，可以以建筑物或标示牌做参照物，事先估测好距离。

始终保持同一速度，这非常重要

每完成固定的距离后，确认一次时间。不可大幅度地变换跑步速度

▶▶▶ 自始至终保持同一速度

配速跑是练习者以固定速度跑完固定距离的训练。该项目不仅能提高练习者的耐力，也能培养其在比赛中必不可少的速度感知力，是颇具实战性的训练项目。

配速跑贯穿整个训练期，出现频率较高，是笔者最重视的一个训练项目。根据训练阶段和个人的疲劳程度不同，练习者可以通过改变训练的距离和速度来调节身体负荷。练习者设定的速度目标可以比慢跑稍快，比比赛时的速度稍慢。练习者应使速度保持在稍微感到吃力的程度。

该项训练不仅能增强体力，提升对速度的感知力，还是最适合提高无氧跑能力（参见右页）的训练项目。

对各水平等级的建议

目标为完赛
练习者可在有余力的情况下，以比慢跑稍快的速度跑3~4千米。

初学者
该项目能够培养对速度的感知力。为了防止前半段速度过快导致后程速度减慢，请不要在准备期进行该项目。

跑进4小时
以稍感吃力的速度（每千米5分40秒~6分00秒）跑6~8千米的距离。

跑进3小时
该项目最适合培养马拉松比赛时的速度感。练习者应找到适合自己的最佳速度。

配速跑的优点 → 能坚持跑的距离较长，就能跑得快

为了提升跑步能力，坚持较长距离的跑步（无氧跑）是不可或缺的。无氧阈（AT）是有氧运动和无氧运动（第069页）的分界线，达到该分界线附近的速度可称为无氧跑速度。

配速跑最适合提升无氧跑速度。如下图所示，随着无氧跑速度的提高，即使保持在同一速度，呼吸节奏也难以继续加快。也就是说，能感到跑得轻松的速度，就能跑得快。

无氧跑速度以血液中乳酸浓度（单位：mmol）来衡量。配速跑中的理想速度对应的血液中乳酸浓度是2mmol，但该数据只能通过专业设备才能检测得出来。因此，我们可以采用用手就能检测出的脉搏数（2mmol=130~160次/分）作为参考标准。另外，血液中乳酸浓度一旦超过2mmol，呼吸就会变得非常急促。练习者应注意保持快要达到而未达到这一指标的速度，不要超过这一指标。

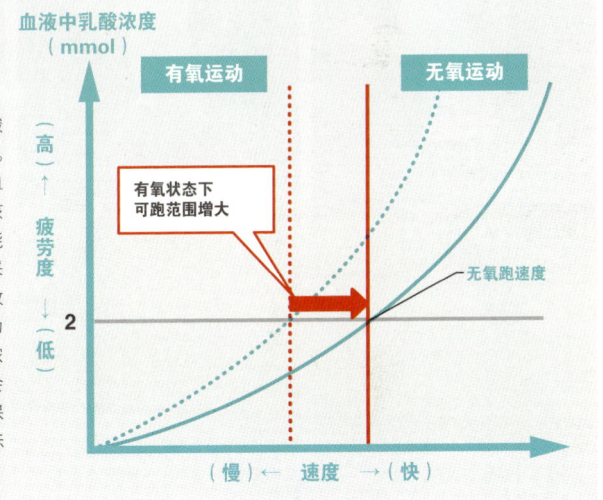

血液中乳酸浓度（mmol）
有氧运动 | 无氧运动
（高）↑ 疲劳度 ↓（低）
有氧状态下可跑范围增大
无氧跑速度
（慢）← 速度 →（快）

注意！ 最好与水平相近的人一起练习

在配速跑的训练中，笔者推荐您与水平相近的人结伴练习，有助于掌握跑步的速度。自己一个人练习时经常会在意距离、时间等因素，可能无法将注意力集中在跑步上。希望您能与长跑训练班或同一公园练习的跑友交流一下，找到能在一起练习的伙伴。

训练项目 04 冲刺跑

目标 用80%左右的力量进行短距离练习的训练。除了提高速度以外，还可起到振奋精神、与速度练习相衔接等作用。

最初以慢跑的速度开始

逐渐提升速度，享受冲刺的快感

以80%左右的力量跑步，切不可使出100%的力气

▶▶▶ 使用大步幅，跑出活力

冲刺跑练习需要使出80%的力量，跑50~100米的距离。该项目并非为了加大训练强度，而是为了给予身体适当的刺激。因此，即使体力还很充裕，也不可完全使出。

该练习的效果有提升速度、长距离练习后振奋精神、消除身体累积的疲劳等。另外，该项目作为从慢跑训练到速度训练的过渡也具有很好的效果。

练习中最少做3~5次冲刺跑。跑完一次后应慢步返回起点，调整呼吸再进行下一次练习。

对各水平等级的建议

目标为完赛	初学者	跑进4小时	跑进3小时
应注意动作幅度比慢跑更大，使出70%~80%的力气跑50~100米的距离。	以慢跑的速度开始，逐渐加速。结束时不要突然停下，而应缓慢减速。	适应了冲刺跑的训练后，可以逐渐增加训练次数。每跑完一次后，调整呼吸以便再次开始。	不仅适用于开始速度练习前的热身，也可在长跑后感到疲惫时进行练习，有助于振奋精神、消除身体疲劳。

步幅要大，可采用近似于短跑时使用的姿势

感受冲刺跑练习的活力，享受跑步

逐渐减慢速度，结束练习

注意！ 加速和减速要缓慢进行

冲刺跑时，练习者应逐渐加速，最多使出80%左右的力气，最后逐渐减速完成练习（参照右图）。如果开始后一直加速，并保持速度跑到终点，就违背了该练习的初衷，会导致身体累积疲劳，冲刺跑练习的效果也会大打折扣。

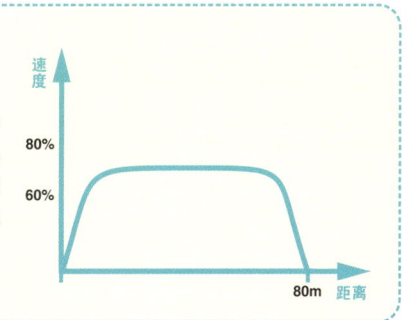

> 补充强化训练的基本理论

通过补充强化训练培养
必要的肌肉力量

跑马拉松并不需要练习者的肌肉特别发达。
但是,要跑完42.195千米的距离,必须拥有适当的肌肉。
这里我们首先介绍需要锻炼的部位及其理由。

提高水平

随着肌肉力量的增加,步幅会加大,跑起来会更有力,这都是锻炼肌肉力量的好处。但是,请注意不要练习到肌肉过于发达。

改善跑步姿势

如果肌肉力量不足,便很难在奔跑中保持正确的姿势。通过均衡锻炼身体各部位的肌肉,可以减少体力损耗,提高跑步效率。

减轻疲劳

锻炼肌肉耐力,可以塑造出进行同样强度运动更不易感到疲劳的身体。

减少受伤

肌肉是保护身体、防止受伤的铠甲,尤其是容易受伤的膝盖、腰部等下半身部位到躯干部位的肌肉,更需要认真锻炼。

➡ 具体训练参见
第180~185页

▶▶▶ 进行补充强化训练的四个目的

进行补充强化训练的目的主要有提高水平、改善跑步姿势、减少受伤、缓解疲劳等四点。

跑马拉松并不需要具备肌肉发达的体魄。对于需要长时间奔跑的马拉松运动来说，多余的肌肉只会造成额外的负担。但是因为跑动中连续几小时使用同样的肌肉，所以练习者要认真锻炼关键部位的肌肉。

下半身的肌肉力量通过跑步训练自然能够增强，强化练习锻炼的是那些仅靠跑步无法锻炼的重要肌肉，该练习起着辅助性的作用。

▶▶▶ 找准不足，进行强化

马拉松运动需要的肌肉力量所对应的身体部位主要有：以肩胛骨为中心的肩关节、以大腿根为中心的髋关节、连接肩关节和髋关节的躯干部位等三处。

肩关节决定摆臂的灵活性，髋关节决定步伐是否有力而稳定，躯干控制着整个身体的稳定性。不同部位的肌肉力量的强弱因人而异，练习者最好能先找准自己的不足，在了解是否有必要的基础上再进行训练是较理想的方式。

你知道吗？ 马拉松运动能锻炼哪些肌肉？

马拉松运动更重视身体的中心而非四肢。肩关节和髋关节两个重要关节的躯干部位是锻炼的重点。

肩关节+肩胛骨周围

肩关节和肩胛骨周围是关系到摆臂的部位。为了增强心肺的呼吸功能、掌握正确的上半身姿势，练习者应加强锻炼这一部位。

躯干

躯干指的是以腰部和腹部为核心的肌肉群，作用是维持身体平衡、支持摆臂和跑步动作。它是整个跑步的基础，建议先从躯干部位开始训练。

髋关节+下半身

包括髋关节在内的下半身的肌肉对于练习者学习跑步动作、预防受伤等起着重要作用。要注意身体前后左右（第044~045页）均衡强化。

补充强化训练的基本理论

▶▶▶ 通过减少肌肉力量差异来提高水平

人体大部分的肌肉在前后和左右分布上呈对应关系。前后左右的肌肉力量没有较大差异，身体就能处于平衡状态。但是，除非进行有意识地锻炼，否则身体前后左右的肌肉不可能呈现均匀分布的状态。另外，由于惯用手、惯用脚和生活习惯的不同，许多人的肌肉分布状况已经失衡，因此练习者应尽量减少肌肉力量的差异，构建身体平衡，从而提高水平。我们先来认识一下身体前后左右和对角线肌肉力量的平衡。

你知道吗？① 练习时考虑前后的平衡

前后指的是股四头肌（大腿前侧）和腘绳肌（大腿后侧）。如果股四头肌发达而腘绳肌较弱，跑步时容易形成骨盆前倾、腰部向后弯曲的姿势。这种姿势难以较好地用意识来强行矫正。练习者应该锻炼弱侧肌肉，认真做拉伸动作，调整平衡，自然地培养正确姿势。

① 前侧肌肉过于发达

前侧肌肉过于发达，容易造成姿势前倾。骨盆受到向前的牵引力，身体容易前倾，腰部负担也会加重。

② 后侧肌肉过于发达

后侧肌肉过于发达，骨盆会受到向后的牵引力，身体容易后倾。

你知道吗？② 练习时考虑左右的平衡

左右平衡指的是左右腿腿肌肉力量的平衡。右腿肌肉较强，跑步时身体容易偏向左边；左腿的肌肉较强，跑步时身体会偏向右边。要减少体力损耗，就必须跑得足够直，因此练习者需要有意识地加强肌肉较弱一侧腿部的锻炼。

① 左右平衡

② 肌肉平衡程度较差

人体腿部肌肉较多，有股四头肌（大腿前侧）、腘绳肌（大腿后侧）、大腿内收肌群（大腿内侧）等。理想的状态是这些肌肉左右分布平衡。

肌肉的平衡程度如果比较差，跑动中身体会不自觉地左右晃动。如果强制性地端正姿势，会造成体力损失，因此练习者应该锻炼相应的肌肉以获取平衡。

你知道吗？③ 锻炼时应考虑身体对角线肌肉平衡

跑动中，练习者迈出右腿的同时向前伸出左臂，这就是一个对角线交叉动作。这个对角线上的动作，也会因肌肉力量的差异，造成如"右腿和左臂向前伸出时非常顺，左腿和右臂向前伸出时就很别扭"的情况，本书将该现象称为"对角线肌力差"。左右两侧的肌肉力量如果有差异，跑动中的身体就会偏向某一边。而且，如果只有一侧累积疲劳，还会加大受伤的风险。

对角线平衡

跑步动作以躯干为中心，上半身和下半身左右相反地运动，动作时常呈对角交叉关系，因此了解对角线的肌肉力量差异是十分重要的。

补充强化训练的基本理论

通过小测验，检查前后左右的平衡能力

肌肉力量的平衡是难以实现自动调节的。我们需要进行一个小测验，把握身体前后左右肌肉力量强弱的分布状况，以进行相应的补充强化训练。

原地跳跃，单脚着地 →确认左右平衡

做法

① 原地跳跃5次
② 第5次落地时，用右脚单脚着地
③ 检查身体往左右哪边倾斜
④ 左脚也用同样方法，检测身体倾斜情况

左脚着地时身体向左倾的情况

该状态下右腿无法支撑身体，骨盆向右倾斜。原因之一是右侧的臀部和大腿周围的肌肉缺乏柔韧性，可以通过锻炼右侧臀部和腹部的肌肉来取得左右平衡。

左脚着地时身体向右倾的情况

练习者为避免骨盆向左倾斜，会先将身体向右侧倾斜，原因在于右侧的腰部和背部肌肉更为发达，应通过锻炼左侧臀部和腹部的肌肉，达到身体的整体平衡。

闭眼踏步 →确认身体前后、左右的平衡

做法

① 在脚旁边画一个T字，确认开始时脚部的位置
② 闭上眼睛，两脚开立与肩同宽
③ 原地踏步30秒
④ 确认与开始前相比，脚部移动了多少距离

身体向右移动的情况

左侧肌肉，尤其是左腿的肌肉较为发达。练习者应以右侧肌肉为锻炼重点，实现肌肉力量的平衡。

身体向左移动的情况

右侧肌肉，尤其是右腿的肌肉较为发达。练习者应以左侧肌肉为锻炼重点，实现肌肉力量的平衡。

注意！ 把握跑步中和跑步后的疲劳程度

本页介绍了检验身体肌肉力量差异的测试方法，而通过对跑步中和跑步后疲劳程度的把握，也可以检测出练习者身体是否左右平衡。

例如，跑完后如出现左腿的腿肚比右腿腿肚紧张的情况，可能是由身体的重心偏左造成的。虽说也有可能是因为跑步姿势问题造成的，不一定是因为身体平衡状况不好，但该方法可以作为一项参考。不仅是在身体平衡方面，经常与自己的身体进行对话是十分重要的，练习者在日常的训练中应该多加注意。

▶▶▶ 目的不同，训练方法亦不同

训练目的有增强肌肉力量、促进肌肉发达（增大肌肉体积）、延长肌肉发力时间（增强肌肉耐力）三种。根据不同的目的，练习者应对练习强度、次数、休息时间、组数等进行调整。

首先，如果目的是增强肌肉力量，练习者应在接近自己承受极限的强度下进行最大反复1~5次的训练（参考下表），中间穿插休息2~5分钟，共进行2~6组训练；其次，如果目的是增大肌肉体积，则应该在自身承受能力70%~85%的强度下进行最大反复6~12次的训练，中间穿插休息30~90秒，共进行3~6组训练；最后，如果目的是增强肌肉耐力，则应在自身承受能力65%以下的强度下进行最大反复15~20次的训练，中间穿插休息30秒以下，共进行2~3组训练。练习者可参考以下表格调整训练方法。

你知道吗？ 了解旨在锻炼肌肉的训练项目

增强肌肉力量
提高练习者可以使出的最大肌肉力量，缺乏运动经验者尤其需要注意加强锻炼。

增大肌肉体积
增大肌肉本身的体积，缺乏运动经验者应该特别加强。

增强肌肉耐力
延长肌肉发力的时间，可谓是马拉松运动中最重要的肌肉力量训练项目。

	最大反复次数（%RM）	组数	休息时间
增强肌肉力量	1（100）	2~6	2~5分
	2（97.5）		
	3（92.5）		
	4（90）		
	5（87.5）		
增大肌肉体积	6（85）	3~6	30~90秒
	7（82.5）		
	8（80）		
	9（77.5）		
	10（75）		
	11（72.5）		
	12（70）		
增强肌肉耐力	15（65）	2~3	30秒以下
	20（60）		

注：RM（Repetition maximum）是指能够反复的最大次数。每承受一次负荷计为1RM，负荷（预计重量）为100%。以1RM为单位反复训练的次数算出的负荷百分比为%RM，也就是说，增加练习的反复次数，自然会减少每次的负荷，肌肉的训练方法也会随之改变。

▶▶▶ 均衡锻炼三种肌肉力量

马拉松运动中，肌肉的耐力是最为重要的。但是，如果只进行肌肉耐力的训练，肌肉耐力的增强便会在某个阶段停滞不前。如果不从增强肌肉力量、增大肌肉体积、增加肌肉耐力等三方面全面给予刺激，能力便将不再会有所发展。

增强肌肉力量和增大肌肉体积是增强肌肉耐力的基础，也就是说，通过均衡训练各个方面的能力，肌肉耐力也会随之增长。

你知道吗？ 关于训练的量（次数）和质（负荷）

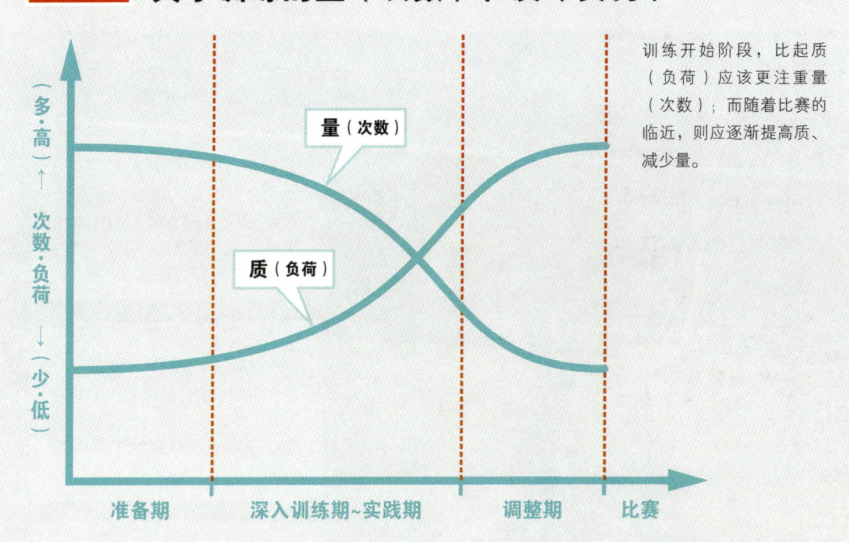

训练开始阶段，比起质（负荷）应该更注重量（次数）；而随着比赛的临近，则应逐渐提高质、减少量。

横轴：准备期　深入训练期~实践期　调整期　比赛
纵轴：次数·负荷（多·高 ↑ / 少·低 ↓）

你知道吗？ 补充强化训练与跑步训练的平衡

顾名思义，补充强化训练即对跑步训练起着补充作用的训练。练习者应以跑步训练为核心，适当均衡地进行补充强化训练。因此，像下半身的补充强化训练，最好与跑步训练的日子错开，必须在同一天进行时，应在跑步训练之前进行，因为跑完之后会有疲劳感，进行补充强化训练时姿势会变形，不易产生理想效果，也容易造成练习者受伤。

	周一	周二	周三	周四	周五	周六	周日
跑步	●		●		●		
上半身	●				●		
下半身		●		●		●	
躯干	●	●		●		●	

注：如果每周跑3次，可以按照左边的表格来均衡安排。此表仅作参考，实际操作中不必每天都进行，练习者要以自己的节奏进行训练。

运动装备的基础知识

如何选择适合自己的运动鞋、运动服等运动装备

现在，市面上有很多跑步专用的运动鞋、运动服等装备。练习者了解如何选择运动装备有助于提高练习效率、预防受伤，甚至能提高该练习的积极性。

① **适合自己的装备**
选择装备的重要判断标准就是"适不适合自己"。为了避免跑步时的压迫感和不适感，练习者应谨慎挑选尺码。

② **功能性**
比如鞋底的厚度和运动装的透气性等。新产品大多功能性较强，练习者可根据需要合理选择。

③ **设计性**
将"可以穿喜爱的运动装"作为坚持练习的精神支撑是一种很有效的办法，这是快乐地坚持马拉松训练的秘诀。

▶▶▶ **选择合适产品的判断标准**

近年来随着马拉松的盛行，市面上出现了大量的马拉松装备产品。我们去体育用品店购买时，可能会感到无从选择。

要知道，我们没有必要一开始就买齐所有的装备。应首先买齐最基本的装备，随着练习的进展，再陆续购买必要物品。

购买时的要点是尽量先试穿，再购买。运动鞋和运动装如果穿着不合适，会成为跑步时的负担。如果去体育用品店，练习者可以向具备专业知识的店员询问产品的功能和效果。另外，产品的设计也很重要，练习者穿戴上自己喜爱的装备，自然会产生练习的动力。

▶▶▶ 选择运动鞋的关键是舒适度和气垫性能

马拉松跑鞋的种类和功能各式各样，练习者只有实际去专卖店中体验才能作出选择，但也有些人即使试过也无法在繁多的种类中找到适合自己的那一款。

在选择时，参考店员等专业人员的建议当然很重要，但使用鞋子的人是自己，所以最终还必须自己满意才行。

因此，我们应关注鞋子的舒适度和气垫性能，将这两点作为判断标准。如果能满足这两点要求，应该能消除跑步时的压力，在购买鞋子时请一定参考这两点。

①舒适度

鞋的尺码自不必说，还应该选择与自己脚部形状相贴合的鞋子。市面上有很多根据不同脚型设计的运动鞋，练习者可以根据品牌和产品的特性，选择适合自己的鞋子，如宽度较窄或是鞋底较厚等。

②气垫性能

气垫性能较好的鞋子能减轻练习者脚踝、膝盖和腰部的负担。尤其是初学者的跑步姿势尚未定型，建议起初的1~2个月使用气垫性能较好（鞋底较厚）的运动鞋。

注意！ 根据鞋底的厚度分类使用

为了提高练习的效率，建议将厚底和薄底的鞋子分开使用。根据练习场所和目的的不同，练习者可将鞋子分类使用。在混凝土场地跑步时穿厚底鞋，在田径塑胶运动场跑步和比赛时穿薄底鞋，如此分开使用，有利于练习者降低受伤风险、提高成绩。

鞋底

运动装备的基础知识

▶▶▶ 了解长跑运动装备

如今市面上跑步专用的装备种类繁多，不少练习者不知该如何选择。因此，笔者在这里简要介绍一下运动装备的特征和功能。练习者不必买齐所有的装备，可以先从运动服着手购买，还有一些有助于集中注意力的产品（比如夏天的帽子和太阳镜，冬天的手套和长袖运动衫等）也是必不可少的，练习者可以逐一采购。

☐ 短袖运动衫

市面上的主流是速干性能较好的产品。练习者应选择适合自己的尺码，这样将有助于跑步。有的产品还带有除臭贴。

☐ 无袖运动衫

盛夏酷暑时应穿着无袖运动衫。选用速干性较好的服装材质能增加跑步的舒适度。

☐ 运动短裤

这种跑步专用短裤的长度较短，它不会覆盖在大腿上，因此不会阻碍练习者跑步。里面可以穿跑步专用的紧身裤。

☐ 紧身衣裤

这种紧身衣应穿在跑步短裤（女性则为运动短裙）里面。有较厚的款式，可以只穿紧身衣跑步。适当的压迫感有利于刺激肌肉。

☐ 长袖运动衫

在秋天和冬天气温较低的时段，练习者可以穿长袖运动衣。尤其是起跑时身体较冷，因此最好选用保温效果较好的材质。

☐ 防风衣

身体长时间承受强风，会造成体力损失。初春的强风时节，防风运动衣是练习者的必备品。

☐ 帽子

夏天跑步时应戴帽子以应对强烈的光照，最好选用帽檐较长的款式。透气性较好的帽子有利于增加舒适度。

☐ 手套

冬天时，手会最先感觉到冷。戴着手套跑步，有利于保持体温，帮助练习者取得更好表现。有一些款式的手套是露指的。

☐ 太阳镜

和帽子一样，太阳镜在夏天是必不可少的。练习者应选用适合脸型的运动型太阳镜，以防止阳光刺痛眼睛。

☐ 手帕

手帕是用来擦汗的，因此应选用吸水性较好的产品。跑后身体容易受凉，练习者也可使用较大的运动毛巾。

☐ 腰包

如果跑步时没有存放钱包等贵重物品的地方，可以佩戴腰包。如果挑选了适合体型的腰包，就不会影响跑步，这样做非常方便。

☐ 臂包

臂包比腰包更小，要绑在上臂上使用。如果是装零钱或者较小的音乐播放器，其重量不会对跑步产生影响。

☐ 凡士林

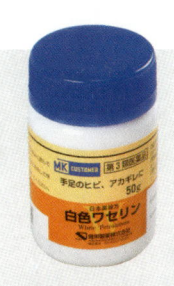

将其涂在脚底可以预防水泡。易起水泡的练习者应在跑步前涂抹。另外，天气寒冷时还可以用来御寒。

☐ 腕带

夜间跑步时戴在手腕上的带有反光条的腕带，有利于车辆识别跑步者。在街上跑步时，确保安全非常重要。

饮食、营养的基础知识①

注意合理膳食，
增强体质与完善体能管理

在准备期，练习者在饮食方面需要注意合理膳食。
虽然不必深究到营养元素等细节，但练习者如果存在不健康的饮食习惯，
应该加以改正。

不吃
**油炸食品和
甜点零食**

不要吃含油较多的油炸食品和甜点零食等垃圾食品，这些食物不仅脂肪含量高，而且不能提供热量。

避免
大量饮酒

练习者不必完全不饮酒，但不宜过量，尤其是强度较大的练习之前和比赛之前更需注意。

注意饮食
结构平衡

练习者应注意保证摄取肉、鱼、蔬菜等食物的饮食结构平衡。如果一餐无法保证饮食结构平衡，可以天为单位进行调节。

▶▶▶ 注意合理膳食

练习者对于准备期的饮食不必过于敏感。当然，如果您的目标较高，应该注意摄入的营养素均衡，但现实中按照理论来控制每次的饮食，难度较大。

但是，对于完全没考虑过饮食方式的练习者，应掌握必要的基础知识，培养良好的饮食习惯，并在日常生活中尽可能地付诸实施。

培养良好饮食习惯的关键是控制油炸食物摄入、避免饮酒过量和注意饮食结构平衡这三点。练习者要先有"吃得像个运动员"的意识，更新自己的观念，这样才能够调整好饮食生活，培养出良好的饮食习惯，吃出健康来。请练习者务必亲身实践。

跑者自测 根据跑步时间合理安排膳食

① 早上跑步

如果前一天晚上吃得合适，早起后可以空腹跑步。但是，早起后一般虽然眼睛睁开了，身体却还在沉睡，因此最好等15分钟以后再跑步。有空腹感时可以吃一些能提供能量、易消化的食物（如香蕉）。

② 夜里跑步

夜里跑步应在饭后3小时之后，因为食物从消化到变为能量需要3个小时的时间。如果下班时间较早在公司附近跑步，那么可在晚饭前进行。与早上跑步时相同，有空腹感时可以吃点香蕉。

注意! 至少需要摄入这些营养素

从准备期开始就积极考虑营养因素的人，应注意用心摄取碳水化合物、蛋白质、脂肪、维生素、矿物质等营养素。碳水化合物可转化为能量，蛋白质可转化为肌肉。长时间跑步容易流失铁元素，因此应注意多吃肝脏和肘子等含铁较多的食物。另外，维生素C和维生素B族会通过尿液和汗液排出，需要注意每天补给。

碳水化合物
大米、面包、乌冬面、荞麦面、意大利面、芋头等

蛋白质
肉类、豆腐、奶酪、酸奶等

矿物质
海藻、肝脏、牛奶、小鱼、菠菜等

维生素C和维生素B族
胡萝卜、鳗鱼、柑橘类水果等

常见跑步运动伤害的基础知识和处理方法

运动总免不了受伤，马拉松也不例外。
但是，马拉松运动中几乎不会出现与人或物接触所造成的受伤。
因此，练习者要了解自己的身体状况，量力而行，注意适当做好护理和预防。

▶▶▶ 一旦发现异常，应及时治疗

无论怎样注意护理和预防，身体仍然有可能出现异常，这时重要的是了解自己的身体状况，不要勉强。练习者在跑步和做拉伸动作时应注意身体是否有不适（如肌肉过度紧张和关节疼痛等），倾听身体发出的信号。在症状加重到无法跑步之前，需要对身体进行护理。

运动伤害有各种各样不同的类型，有膝盖和腰部疼痛等关节痛、肌肉受伤等，主要原因集中在训练过量、肌肉力量不足和姿势变形等三种情况。确认症状并找到受伤原因后才能采取相应措施。练习者应注意不可轻易擅自诊断，如果感到身体状况异常，应及时去医院向专业医生问诊。

| 跑者自测 | **受伤的主要种类**

马拉松运动长时间重复同样的动作，因此有一些特有的伤病。虽然练习者个人很难完全处理好这些伤病，但有必要掌握一些基础知识。无论如何，练习者必须有及早去医院接受检查的意识。

① 胫部疼痛（外胫炎）

小腿部位（膝盖以下的部分）前侧疼痛，叫做外胫炎，常见于初学者，原因有跑步练习过度或运动鞋不合脚等。练习者可通过加强肌肉力量、提高柔韧性等方式消除疼痛。这种情况下最好停止跑步练习，但需要采取措施防止心肺功能的减弱。

胫部疼痛（外胫炎）

② 阿基里斯腱疼痛

阿基里斯腱发炎有可能是肌肉组织产生了轻微断裂，原因除了小腿肚疲劳、跑步姿势不规范以外，还有可能是运动鞋不合脚、在较硬路面上过度练习等。掌握正确的姿势就能自然康复。另外，伸展和按摩小腿肚、按摩脚底等方法也很有效。

阿基里斯腱疼痛

③ 膝盖疼痛

膝盖的下部和外侧疼痛时，可能是肌肉功能下降或柔韧性降低造成的。感到剧烈疼痛时，应及时赴医院就诊；感到轻微疼痛时，可通过按摩和肌肉强化练习进行护理。

膝盖疼痛

④ 疲劳性骨折

发病原因是同一个部位持续承受小幅冲击或负荷，尤其在长时间重复同一动作的运动中比较多见。多发于双脚和小腿部，原因多为练习过度、姿势不正确导致某一部位承担过多负荷等。发生这种情况后，练习者应立刻去医院就诊，完全停止跑步练习。

⑤ 抽筋（小腿痉挛）

多为小腿肌肉痉挛所致，预防方法有练习前进行伸展活动、补充矿物质（钙、钠等）等。另外，也有许多抽筋的情况是因为踏地用力过猛、过度使用小腿部位造成的，这时需要练习者重新调整跑步姿势。

抽筋（肌肉痉挛）

> 运动伤害的基础知识

跑者自测 了解受伤的主要原因

①训练过度

原因 在业余选手中较为常见，练习者有"缩短时间"或"加大训练量"的错误想法，训练过度造成受伤。

处理方法 减少练习量。无论增加多少训练量，如果质量不佳，就无法缩短时间，反而会因为过度疲劳使成绩下降。练习者应根据本书提供的练习项目，确定适合自己的练习量。

②肌肉力量不足

原因 身体的肌肉力量达不到跑完42.195千米的要求。某些部位的肌肉力量不足会给其他部位带来负担，引发肌肉和关节问题。

处理方法 跑步时无法练习到的部位需要在强化练习中加强锻炼，但不可过度锻炼。理想状态是各部位的肌肉力量分布均衡。请学习第042~049页强化训练的基础知识，在第180~191页的练习项目中选择适合自己的项目。

③姿势错误

原因 姿势一旦错误，负担就容易集中到身体特定部位；负担一旦集中，该部位就容易出现异常。

处理方法 调整全身肌肉力量和跑步姿势以达到平衡状态。通过强化训练达到身体前后左右肌肉力量的平衡，通过跑步训练形成正确的姿势，这些行动可以防止负担集中至身体的特定部位。

练习者应养成经常留意自己身体状况的习惯

058

▶▶▶ 保持训练、饮食、睡眠的平衡

饮食不规律或睡眠不足有时也可引发伤病。业余练习者需要兼顾工作或学业，更容易产生饮食不规律、睡眠时间不足等问题。

因此，练习者需要有意识地保持这三者的平衡。如下图所示，将训练、饮食和睡眠组成三角形，理想的状态是一个正三角形，也就是说，练习量如果增加，饮食量和睡眠量也要相应增加，反之亦然。如果这个平衡（正三角形）遭到破坏，身体出现异常的风险就会增加。

练习者应记录练习日志（第009页）以方便掌握自己的训练、饮食和睡眠是否处于平衡状态。

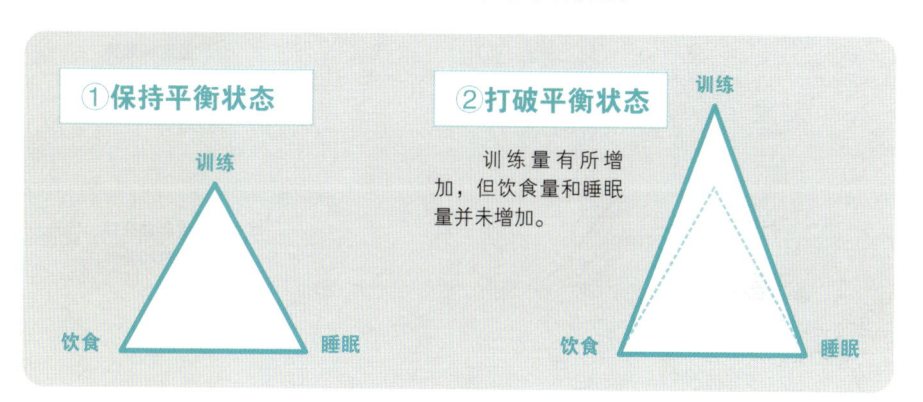

① 保持平衡状态

训练 / 饮食 / 睡眠

② 打破平衡状态

训练量有所增加，但饮食量和睡眠量并未增加。

▶▶▶ 根据身体状态灵活安排休养

往往训练进行得越顺利，就越难以抽出时间进行休养，因为有的练习者担心此时休养会失去之前掌握的内容，只要没有大碍就会继续训练，但是这往往会导致大的伤病。越是完成了训练量，就越应该好好休养。

我们按照症状，将休养方法分为积极休养、短期完全休养、长期完全休养三类。请务必记住，练习者只有大胆地进行休养，才能在比赛中取得好成绩。

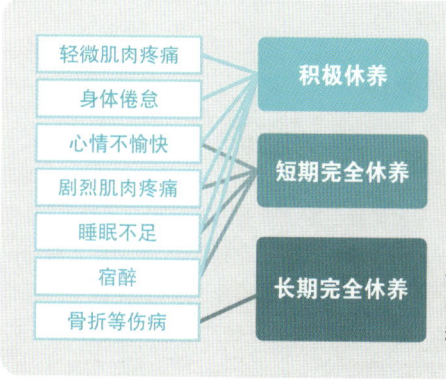

- 轻微肌肉疼痛
- 身体倦怠
- 心情不愉快 → **积极休养**

通过慢跑、健走、伸展等轻松的运动促进血液循环、消除疲劳。也可用于检查伤病的恢复情况。

- 剧烈肌肉疼痛
- 睡眠不足 → **短期完全休养**

停止一切训练，持续时间较短（1~2天）。练习者通过休息，短时间内可恢复体力。

- 宿醉
- 骨折等伤病 → **长期完全休养**

静养直至恢复健康。如果在痊愈前进行跑步练习，可能会导致慢性伤病。但是，练习者需要积极运动没有受伤的部位，防止肌肉力量和心肺功能下降。

训练计划的制订方法

训练计划 无运动经验者模式（准备期）

目标 该计划主要面向运动经验较少的人群，不局限于马拉松运动。每周进行2次训练，目标是培养体力基础和运动习惯。

	周一	周二	周三
第1周	休养	休养	●健走20分钟 ●慢跑10分钟
第2周	休养	休养	●健走10分钟 ●慢跑20分钟
第3周	休养	休养	●慢跑30分钟
第4周	休养	休养	●慢跑30分钟 ●短距离冲刺跑3次

☐ 过渡性练习　　☐ 重点练习

▶▶▶ 注意以较慢速度持续活动身体

对于没有系统性运动经验的人来说，连续跑30分钟是个不小的挑战。但是，如果能降低速度，该项任务对任何人来说都并非那么难，重点在于降低跑步速度。上面的计划表中加入了大量健走的内容，也就是说，如果一开始感到跑30千米比较困难，可以先从走路练起。

随着练习兴致的提高，练习者往往会不自觉地提高速度。这当然并非坏事，但练习者如果因为疲劳而无法跑完设定的时间，就不能说是完成了计划内容。要记住，最初一个月的目标不是培养速度，而是让身体保持运动状态，这样便自然能够锻炼出体力。

调整 1　将运动纳入日常生活

该阶段是培养体力的阶段，练习者除了每周2次的训练之外，在日常生活中也应该增加步行时间，促进新陈代谢。例如，可用步行代替坐电梯，乘出租车时步行一段时间后再乘车。

调整 2　通过快步走提高练习效率

没有运动习惯的人可以采用慢速走的方式，不过一旦习惯后，可用快步走的方法提高步行速度，增强练习的效果。

周四	周五	周六	周日
休养	休养	●健走15分钟 ●慢跑15分钟	休养
休养	休养	●健走5分钟 ●慢跑25分钟	休养
休养	休养	●健走10分钟 ●慢跑30分钟	休养
休养	休养	●慢跑15分钟 ●渐进加速跑30分钟 （如有余力，最后10分钟加速跑）	休养

练习者如能连续完成30分钟慢跑　前往下一章 ➡

注意！　准备期重在量力而行、坚持锻炼

很多人在准备期就放弃了马拉松的练习，理由因人而异，但多数是因为不适应长距离跑步练习，认为"马拉松不适合自己"，从而选择放弃。

因此，在准备期，重要的是量力而行。按计划练习4周以后，如果仍然感到冲刺跑很吃力，可以省去该部分的练习。练习者可以加入自己独有的练习方式，以能坚持跑步为优先考量。

| 训练计划 | 训练计划的制订方法 |

标准模式（准备期）

目标 该模式是为有运动经验但初次挑战马拉松的练习者准备的。前半部分是健走和跑步交叉进行，慢慢地转向以慢跑为中心。

	周一	周二	周三
第1周	休养	休养	●健走10分钟 ●慢跑20分钟
第2周	休养	休养	●慢跑30分钟
第3周	休养	休养	●慢跑30分钟
第4周	休养	休养	●慢跑30分钟 ●短距离冲刺跑3次

☐ 过渡性练习　　☐ 重点练习

▶▶▶ 提升体力 & 适应长距离跑步的计划表

笔者所在的俱乐部中有许多这样的初学者，他们虽然有运动经验，但并未跑过马拉松这种长距离项目。这类人对运动本身很熟悉，能够顺利适应马拉松起始阶段的练习，但他们还不太习惯长时间慢速奔跑，简单地说就是经常在中途感到厌倦。这类人并非因体力条件不足而放弃，所以显得尤为可惜。

因此，在准备期，此类练习者应从适应长距离奔跑开始练习，不必过分提升速度，而是需要努力坚持跑够规定时间。

调整 1　感到吃力时可更换成简单的练习内容

练习者在准备期应以持续跑 30 分钟为目标，但是，如果对于在第 3 周周三开始的 30 分钟慢跑感到吃力，可以在中途变为步行，不过需要尽量加快步行的速度。

调整 2　训练后应尽量放松

长时间或是以较快速度跑完后，练习者应留出做放松活动的时间，以消除身体疲劳。另外，如果没有时间进行伸展活动，可以步行 3 分钟来使身体恢复平静。

周四	周五	周六	周日
休养	休养	● 健走10分钟 ● 慢跑20分钟	休养
休养	休养	● 健走10分钟 ● 慢跑20分钟 ● 健走5分钟 ● 慢跑20分钟	休养
休养	休养	● 慢跑25分钟 ● 健走10分钟 ● 慢跑25分钟	休养
休养	休养	● 配速跑6~8千米 设定速度： 每千米7分00秒~7分30秒	休养

练习者可以跑完8~10千米，中途不换为步行　　前往下一章 ➡

注意！　根据自身状况调整计划表

这不仅针对准备期，其他阶段也同样适用。本书介绍的训练计划只是一个参考指标。就算有相似运动经验的人，他们所需要的训练计划也是不同的。每个人的体力不同，疲劳程度也不同，所以在执行训练计划时，需要根据自己的状况进行调整。有余力时可以增加奔跑距离（时间），疲劳累积时可以减轻训练压力。通过与自己身体的对话，促进训练顺利进行。

训练计划 — 有运动经验者模式（准备期）

训练计划的制订方法

目标：该计划的对象是那些擅长多个领域运动项目的人或是有长距离跑步经验者。该计划的主要目的是增强体力，练习者要有意识地掌握好节奏。

	周一	周二	周三
第1周	休养	休养	●慢跑30分钟
第2周	休养	休养	●慢跑30分钟 ●短距离冲刺跑3次
第3周	休养	休养	●慢跑30分钟 ●短距离冲刺跑3次
第4周	休养	休养	●慢跑30分钟 ●短距离冲刺跑3次

□ 过渡性练习　　■ 重点练习

▶▶▶ 有信心也要注意合理分配跑速

该计划面向擅长运动的人和有马拉松经验者，因此放在准备期或许难度稍大。练习者可以根据自己的能力进行调整，比如适当拉长后半部分的奔跑距离。

但是，有运动经验者需要注意一点，那就是他们往往信心十足，不经意间就会提高速度。如果能顺利完成的话自然没有问题，但如果练习者后半程感到疲惫，无法完成计划，练习也就失去了意义。对于各级别的练习者来说，准备期的目标都是提升体力、适应长距离跑步这两项。尤其是适应长距离跑步这项，也包含了对速度的掌控和在规定时间内达成目标的能力。练习者应避免过度自信，而是要合理分配跑速。

调整 1	体力较好者可增加练习组数

对自己的运动能力有信心的练习者,可以将第 2 周和第 3 周周六的健走加慢跑的训练组数从 2 次增加至 3 次。另外,只有慢跑训练的日子,也需要在其前后加入健走练习,增强练习的密度。

调整 2	设定较高的目标,可增加每组练习的次数

在持续一个月的身体塑造练习中,进入第 4 周后,练习者的体力往往就已经得到了提升。如果感到有余力,可以升级训练内容,比如增加冲刺跑练习的距离,将次数增加至 5 次等。

周四	周五	周六	周日
休养	休养	●慢跑30分钟 ●短距离冲刺跑3次	休养
休养	休养	●慢跑30分钟 ●健走5分钟 ●慢跑25分钟	休养
休养	休养	●慢跑30分钟 ●健走10分钟 ●慢跑30分钟	休养
休养	休养	●短距离冲刺跑3次 ●配速跑6~8千米 设定速度: 每千米6分00秒~7分00秒	休养

练习者可用每千米4分10秒~6分00秒的速度跑完15千米　前往下一章

注意! 起步时避免高速→避免后半程疲劳,采用慢速→后半程加速

有运动经验的人最容易犯的错误是速度过快。因为已经具备足够跑30~60分钟的体力,所以很容易从一开始就高速奔跑,结果造成后半程速度骤减。在犯这个错误的练习者中,有许多人认为是自己体力不足,从而失去了自信。

因此,在准备期的练习中,练习者应该养成习惯慢速起跑,在有余力的情况下后半程再加速。

Column About the Marathon

川越教练为您答疑解惑，助您解决烦恼！

▶▶▶ 对话川越总教练/跑者们的Q & A ②

"审视环境"篇

Q4 我家附近的道路上交通信号灯较多，路面不够平坦，没有适合跑步的场地，请问该怎么办？

A 最好去可以跑步的公园、操场、河边等场所进行练习。另外，也可以采取不通过信号灯，即左拐—左拐—左拐的路线（日本的机动车和行人靠道路左侧行驶或行走——译者注），形成一个环形，最终回到出发点，方便练习。

Q6 我经常利用跑步机进行练习，总是控制不住想追求更快的速度，这种练习方法有问题吗？

A 这是有问题的。在训练前应该明确当天的目标，提前设定好训练的速度。不要追求最快速度，而是应结合自己平时的身体状况合理练习。如果违反，容易造成身体状况异常或是训练过度。

Q5 培养速度的练习在哪里进行比较理想？我家附近的道路行人和自行车较多，比较危险，不适合练习。

A 培养速度的练习最好去田径运动场的跑道或是有跑步场地的公园进行，河边的运动场也是很好的选择。如果有距离标记物，会有助于把握自己练习的速度。

The Basis & Practice Menu of Marathon

第2章

培养耐力基础
深入训练一期

从深入训练一期开始,
我们进入了真正的马拉松训练阶段。
具备运动经验、对自己体力有信心的练习者可以直接从这一章开始练起。
以20千米为基准,习惯长距离跑步,
来培养马拉松运动所必需的耐力基础吧!

练习前/深入训练一期的心理准备

适应长距离奔跑，培养耐力基础

可以认为，真正的训练将从现在开始。练习者的目标是跑完20千米。
刚开始应逐渐增加距离，直到最终达到20千米。
持之以恒，能力自然会得到提高。

适应长距离奔跑

要跑完马拉松比赛，耐力是必不可少的。然而，在此之前，适应长距离奔跑这一精神层面的准备也非常必要。练习者应先完成20千米慢跑，再逐渐适应较长距离的奔跑。

培养耐力基础

坚持跑20千米，有助于培养能适应马拉松运动的耐力基础。耐力由心肺功能和肌肉持久力（第048页）两种能力构成。

培养不易疲劳的体质

心肺功能加强后，每次的血管收缩可以输送给身体更多的血液，这样一来便可以降低每分钟脉搏的跳动次数。面对同样强度的训练，练习者的身体会变得不易疲劳。

培养速度保持能力

从深入训练一期开始，练习者需要逐渐培养时间意识。通过速度型训练，可以提高练习者的速度保持能力。

培养速度感

指的是练习者不看手表就能够把握自己能以多快的速度跑完1千米的能力。以一定的速度跑步，有助于减少体力损耗。

▶▶▶ 逐渐拉长跑步距离，最后达到20千米

练习者就算在准备期找到了跑步的感觉，也可能会感到20千米的距离太长。但是，如果完全掌握了准备期的练习内容，无论对谁来说，20千米都是能够完成的。练习者应该有"我也能"的自信，充满勇气地面对挑战。

另外，目标为完赛或初学者级别的练习者，不宜一次性将目标定在20千米，而是应该10千米、15千米地测好距离，逐步进行练习，最终达到跑完20千米的目标。如果能感受到自己的进步，练习的动力也会增强。

深入训练一期不仅是训练耐力的时期，还是初步培养速度保持能力、速度感等更高层次能力的阶段。练习者应将培养耐力放在第一位，同时兼顾锻炼这些能力。

▶▶▶ 适当使用有氧运动和无氧运动以提高水平

运动大体可以分为有氧运动和无氧运动两类。马拉松基本属于有氧运动，在运动中，运动者需要吸入氧气并将其转换为能量。进行有氧运动时的脉搏数通常在每分钟130~160次。

要培养能适应马拉松运动的耐力（心肺功能和肌肉耐力），需要在训练中将脉搏数保持在每分钟130~160次，与之相符的是长距离慢跑（LSD，第074页）之类的缓慢跑完长距离的训练。

所谓无氧运动则是指利用氧气之外的能量进行的运动，在马拉松运动的必备能力之中，速度保持能力与之相符。无氧运动状态下脉搏数可以达到每分钟180次左右。配速跑（第038页）和渐进加速跑（第076页）是在有氧运动和无氧运动之间交替进行，间歇跑（第100页）是无氧运动训练。自深入训练一期开始，在有氧运动的基础上，练习者还要进行无氧运动训练，让耐力和速度保持能力得到全面提高。

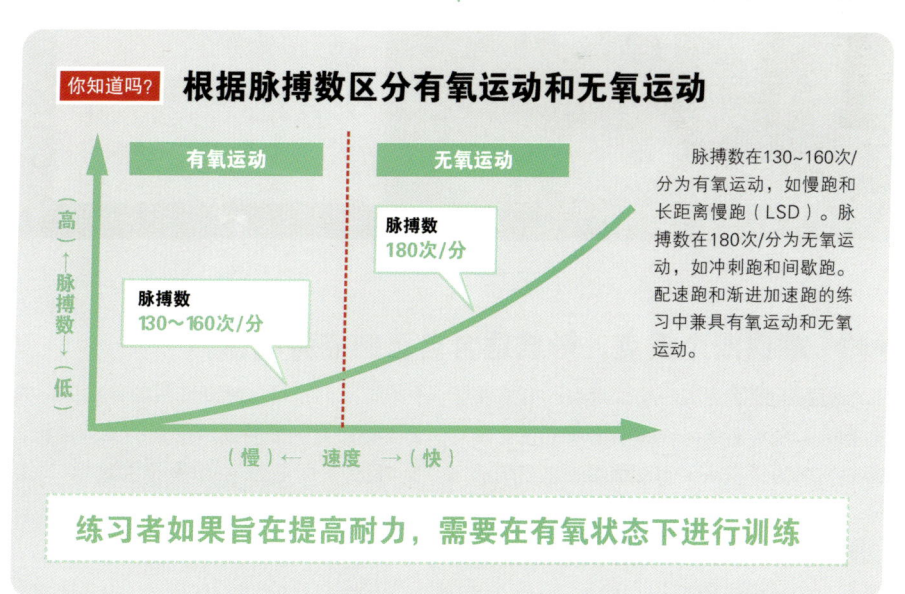

你知道吗？ 根据脉搏数区分有氧运动和无氧运动

有氧运动　｜　无氧运动

脉搏数 180次/分

脉搏数 130~160次/分

（高）← 脉搏数 →（低）

（慢）← 速度 →（快）

脉搏数在130~160次/分为有氧运动，如慢跑和长距离慢跑（LSD）。脉搏数在180次/分为无氧运动，如冲刺跑和间歇跑。配速跑和渐进加速跑的练习中兼具有氧运动和无氧运动。

练习者如果旨在提高耐力，需要在有氧状态下进行训练

模拟跑步练习的基础

模拟跑步练习
使姿势定型

为了更高效地使用能量，正确的跑步姿势必不可少。
请学习下页所述的四点，
选择适合自己身体特征的动作。

正确姿势的好处

① 能有效地发挥能力

耐力和肌肉力量都有极限。为了有效地发挥能力，需掌握正确的跑步姿势。

② 有利于预防伤病

不自然的动作容易造成局部负担过重，引发伤病，需要练习者多加注意。

▶▶▶ **掌握四个重点，形成适合自己的姿势动作**

培养正确跑步姿势的优点有：有效发挥能力、预防伤病等。练习者不必完全按照教科书的说明从头到脚地纠正自己的动作。根据骨骼和肌肉分布的不同，每个人的跑步姿势也会有所不同，顶级运动员也并非全都采用同样的姿势跑步。但是，这不是说练习者可以随意采用各种姿势。关于姿势，有一些共通的要点。具体来说，有"避免骨盆后倾""脚掌平面着地""流畅移动重心""脚后跟上提"四点。在做到这四点的基础上，根据自己的身体特征，形成适合自己的动作。

跑者自测 **把握正确姿势的要点**

要掌握正确的姿势，模拟跑步动作是很有效的。
无论何种跑步训练，练习者均应按照下面四项的要求，培养正确的姿势。

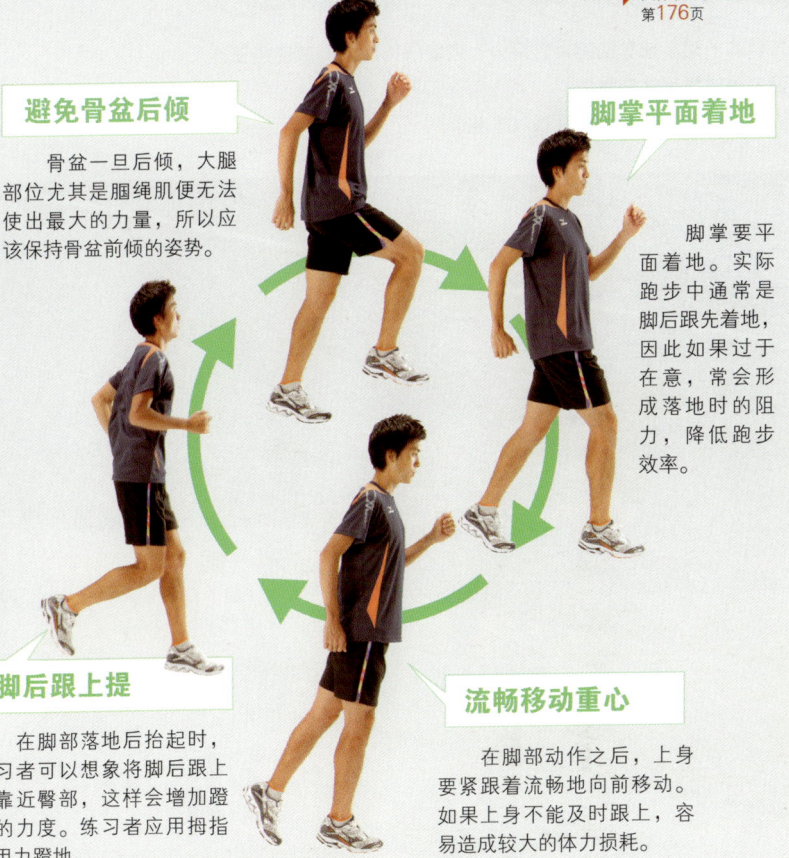

➡ 具体训练参见第**176**页

避免骨盆后倾

骨盆一旦后倾，大腿部位尤其是腘绳肌便无法使出最大的力量，所以应该保持骨盆前倾的姿势。

脚掌平面着地

脚掌要平面着地。实际跑步中通常是脚后跟先着地，因此如果过于在意，常会形成落地时的阻力，降低跑步效率。

脚后跟上提

在脚部落地后抬起时，练习者可以想象将脚后跟上提靠近臀部，这样会增加蹬地的力度。练习者应用拇指球用力蹬地。

流畅移动重心

在脚部动作之后，上身要紧跟着流畅地向前移动。如果上身不能及时跟上，容易造成较大的体力损耗。

注意！ **使用录像或镜子检查自己的动作**

实际观察自己的动作是理解动作要领最容易的办法。跑步时难以确认自己的动作，可以请同伴帮助拍摄，这大概是最简单的办法。不方便拍摄视频时，可以在商店的玻璃旁等能映出自己身影的地方练习，以便确认自己的动作。

练习前/深入训练一期的目标

以20千米为目标，培养耐力、速度保持能力、速度感

深入训练一期要培养的能力有耐力、速度保持能力、速度感三种。
练习者通过提高这些能力，
阶段性地拉长距离，最终征服20千米！

深入训练一期的目标
连续跑完20千米，
中途不改为步行

深入训练一期培养的能力
①提高耐力
②提高速度保持能力
③增强速度感

▶▶▶ **马拉松训练的真正开始**

深入训练一期可谓是马拉松训练的真正开始。练习者在准备期适应了跑步的感觉，在该阶段则旨在提高耐力和速度保持能力，增强速度感，相对应的训练请参见右页。深入训练一期尤其需要注意要以配速跑为核心，让练习者以固定的速度跑完20千米。

与准备期相比，该阶段的训练天数和时间都有所增加。如果难以保证每次都长时间训练，则需要有意识地调整练习的松紧度，培养深入训练一期的必备能力。

随着练习量的增加，练习者可能会感到较为吃力，需要怀抱信念坚持努力训练。

✓ **项目清单** 确认深入训练一期的训练要点

☐ 长距离慢跑（第074页）
尽量进行慢速跑的训练

实例 每周1~2次，每次10~20千米

要点 以较慢速度完成长时间（距离）的比赛，培养耐力，消除对距离的不安情绪。

【目标为完赛】每千米8分00秒（10千米）
【初学者】　　每千米7分00秒~7分30秒（20千米）
【跑进4小时】每千米6分30秒~7分00秒（20千米）
【跑进3小时】不必练习

☐ 渐进加速跑（第076页）
分阶段的加速训练

实例 每周1次，每次5~10千米

要点 在这个阶段，可以加速2次或3次。练习者需要有控制速度的意识。

【目标为完赛】不必练习
【初学者】　　每千米7分00秒→6分30秒
【跑进4小时】每千米6分00秒→5分30秒
【跑进3小时】每千米4分15秒→4分00秒

☐ 配速跑（第038页）
以固定的速度跑完固定的距离

实例 每周1次，每次跑6~20千米

要点 以固定的速度跑完20千米。该训练不仅能提高练习者的耐力，也能培养出在比赛中必不可少的速度感。

【目标为完赛】不必练习
【初学者】　　每千米6分30秒~7分00秒
【跑进4小时】每千米5分30秒~6分30秒
【跑进3小时】每千米4分10秒~4分30秒

☐ 冲刺跑（第040页）
练习者使出80%的力气畅快奔跑

实例 每周2~3次，每次3~5组

要点 长距离训练后，该项目可起到刺激身体的作用。应根据练习者的疲劳程度进行。

☐ 越野跑（第078页）
在起伏较大的路面上跑步

实例 每月1~2次，每次5~15千米

要点 练习者身体承担着与在平地跑步时不同的负荷，有利于强化心肺功能和肌肉力量。如果有合适的训练场所，建议进行该项练习。

☐ 斜坡冲刺（第080页）
在斜坡上练习冲刺跑，使出80%的力量

实例 每周1~2次，每次跑3~5组

要点 习惯了平地跑步后，练习者可用该训练达到刺激身体的目的。如果有合适的练习场所，可以用该项练习取代短距离冲刺跑。

水平等级测评 →完成以下内容后继续下一阶段（第3章）的练习！

目标为完赛：能连续慢跑60分钟以上

初学者：能以每千米7分00秒的速度跑完20千米

跑进4小时：能以每千米5分50秒的速度跑完20千米

跑进3小时：能以每千米4分20秒的速度跑完20千米

跑步训练（长距离慢跑）

训练项目 05 长距离慢跑（LSD）

目标 该项目是慢跑训练的一种，除了能训练练习者的耐力外，还能帮助练习者消除对长距离跑步的不安感。

One Point! 建议

就算是慢跑，也不要降低腰部的位置

跑步速度较慢时，腰部容易往下沉。练习者需要有意识地保持骨盆前倾，抬高腰部，还要注意双脚不要擦着地跑。

✗ 错

| 全身放松，慢步向前跑 | 把速度控制在能与一起跑的人对话的程度 |

▶▶▶ 建立起可跑完长距离的自信

LSD是Long Slow Distance的缩写，意为长距离慢跑训练，其目的除了培养马拉松运动所必需的基本耐力之外，还有利于消除练习者对长距离跑步的不安感。

LSD跑步速度比慢跑略慢，控制在能与一起跑的人说话的速度为宜。对于从未接触过长距离跑步的练习者来说，如果能够慢速完成，有助于培养自信。如此，以后即便是提高速度，也可以完成相同的距离。

该项目属于有氧运动，能帮助燃烧脂肪、培养运动能力，同时还能够强化心肺功能、增强肌肉耐力，在初级阶段的训练中是非常重要的。

对各水平等级的建议

目标为完赛
以能够边跑边与人交谈的速度进行练习。未能适应长距离跑步者可以跑步和步行交替进行。

初学者
主要目标是适应较长的跑步距离。练习者应以接近步行的较慢速度，坚持慢跑90分钟。

跑进4小时
慢跑能促进毛细血管生长、增强心肺功能。练习者应充分放松，坚持跑完较长的距离。

跑进3小时
该项练习的目的并非提高能力，只需要在消除疲劳或担心双脚状况不佳时进行。

LSD的好处 → 培养跑步者必备的基本能力

进行LSD训练的主要好处有下面六项。
因为它可以培养出跑步者必备的基本能力，
所以目标为完赛的练习者和初学者可以重点练习该项目。

消除对长距离的不安感
完成较长距离（时间）的练习，能为练习者带来自信。应以较慢速度，逐步达成目标。

练出持久型肌肉
有助于练习者练出持久型肌肉，即"慢肌纤维"，这类肌肉很难在强化训练中锻炼得到，可以通过LSD进行锻炼。

增强心肺功能
心脏每次收缩可以向血液提供更多的氧气并输送至全身。就算再进行相同强度的练习，身体的疲劳度也会下降。

降低伤病发生几率
通过长距离的慢跑，能有效减少身体脂肪、减轻脚部负担。

提高代谢功能
慢跑可以增加肌肉数量、加速新陈代谢。

消除肌肉疲劳
通过慢跑可以促进毛细血管生长，去除体内易导致疲劳的酸性物质，消除肌肉疲劳。

注意！ 跑步时注意不要加速

LSD不是速度型训练项目，因此，就算练习者余力充足，也不可提高跑步速度，只需以缓慢的跑速坚持跑90分钟以上。如果余力充足，可以进一步延长跑步时间，调节训练强度。

075

训练项目 06 渐进加速跑

目标：该项目需要分阶段进行加速。通过训练不仅能锻炼跑马拉松所必需的腿部能力，也能帮助练习者培养速度感。

用快步跑法跑步，控制速度

逐渐加速，注意步幅不要过大

One Point! 建议

提高速度的同时也要保持正确的姿势

提高速度后也要保持正确的姿势，尤其需要注意避免摆臂错乱等容易犯的错误。

错

▶▶▶ 分阶段提高速度

渐进加速跑是一种分阶段逐渐提高奔跑速度的训练项目。

在准备期，练习者只需进行一次加速足矣。随着水平的提高，可以分多段进行加速，增强练习的效果。

需要注意的是，不要骤然加速。如果一口气突然加速，会加大身体负担，所以加速时应逐步进行。

另外，加速后容易造成动作变形，产生下巴抬高、摆臂错乱、脚尖向外或向内倾斜等错误动作。练习者应注意这些容易变形的部位，提高训练效果。

对各水平等级的建议

目标为完赛
该项目的级别较高,练习中注意起步时先慢速前进,后半程将速度控制在呼吸稍有加快的程度,不可勉强。

初学者
开始时要保留余力,不要骤然加速。每千米成绩大约提高5秒左右较为合适。

跑进4小时
加速后容易导致动作变形,应该引起注意。如果盲目坚持,容易造成受伤。

跑进3小时
该项目对培养速度感有极大的帮助。根据速度的不同,训练时间不足时可以替代速度练习。

加速的标准 →分阶段提高速度

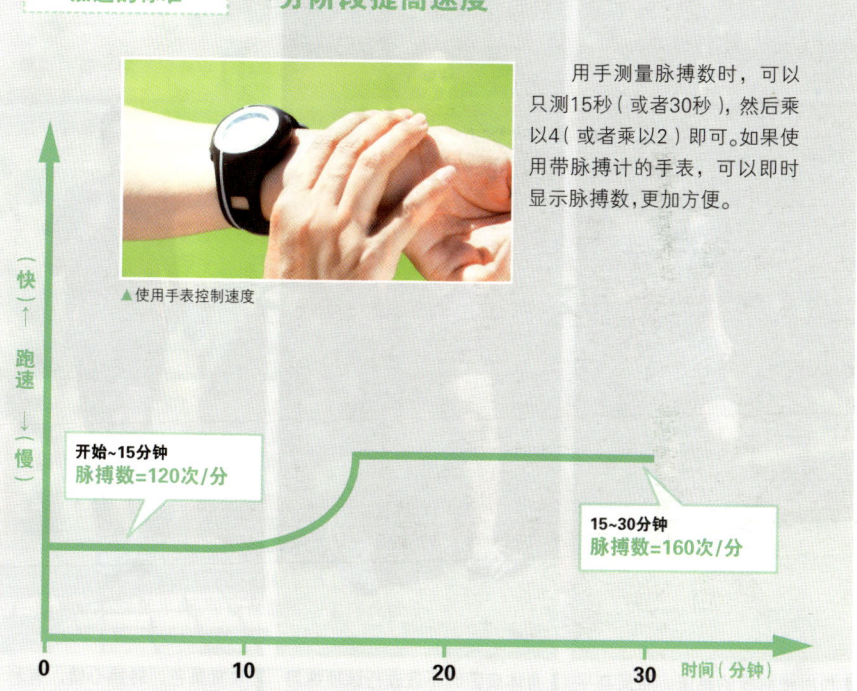

用手测量脉搏数时,可以只测15秒(或者30秒),然后乘以4(或者乘以2)即可。如果使用带脉搏计的手表,可以即时显示脉搏数,更加方便。

▲ 使用手表控制速度

开始~15分钟
脉搏数=120次/分

15~30分钟
脉搏数=160次/分

纵轴:(快)↑ 跑速 ↓(慢)
横轴:时间(分钟) 0 10 20 30

注意! 通过加快脚步频率来提速

在渐进加速跑的练习中,加速时容易加大步幅。然而,步幅一旦加大会增加腿部的负担。因此,需要有意识地加快脚步频率,这样可以在将腿部负担降到最低的同时提高速度。

准备型饮食和护理型饮食

为了使训练更加高效,训练前后的饮食需要特别注意。这里为您介绍训练前后的饮食特点,比赛前后的饮食特点与之类似。

在训练前,应尽量吃易消化、高热量的食物,并应注意在开始跑步前3小时完成进食;相反地,训练后则应尽量早进食,而且因运动大量出汗导致矿物质流失,所以进食应当以补充矿物质为主,注意饮食平衡。

①训练前(准备)的饮食

- 易消化
- 高热量

主要食物来源:米饭、面包、乌冬面、年糕、意大利面、水果(柑橘类等)、柠檬、梅干等。

②训练后(护理)的饮食

- 有助于消除肌肉疲劳
- 矿物质

主要食物来源:肉类、鱼类、鸡蛋、大豆类、乳制品、水果(柑橘类等)、蔬菜、海藻等。

注意! 马拉松运动很容易引发运动性贫血

长时间在水泥路等坚硬路面上跑步,会由于路面冲击足底破坏血红蛋白而导致贫血。虽然选择减震性能强的跑鞋可以缓解这种状况,但对于练习者来说,铁的补充依旧不可或缺。练习者应当多食用羊栖菜、肝脏等富含铁的食物,有意识地预防运动性贫血。

跑者自测 **针对不同的训练内容安排饮食**

根据训练内容合理安排饮食十分重要。
在这里分为"持久型训练前""速度型训练和增强训练后""连续性练习、休息日"三种情况，让我们一起来了解不同训练情况下所必需的营养元素吧。

①持久型训练前

在LSD或是超过10千米的配速跑等持久性训练前，应摄取以意大利面为代表的碳水化合物，不过，进食一定要在训练前3小时完成。如果是早晨训练，可以在前一天夜里摄入充足的碳水化合物。

②速度型训练和增强训练后

速度型训练和增强训练后，应在30分钟内补充蛋白质。蛋白质是促成肌肉生长不可或缺的营养元素，具体来说，可食用牛奶、鸡蛋、猪肉、豆腐等，这样可以有效促进肌肉生长，提高速度和肌肉力量。

③连续性练习、休息日

连续性练习和休息日最重要的是消除疲劳、恢复体力，不仅要利用轻量训练来刺激身体，在饮食上也要利用清淡饮食消除身体疲劳，可以多吃像姜烧猪肉、蒲烧鳗鱼等富含维生素B1的菜品。不过，在训练量减少的时候，也要相应减少食量。

注意! **不要依赖营养补充食品**

现在市面上有很多营养补充食品出售，可以很容易地摄取到日常饮食中难以摄取到的营养。但营养补充食品终究只能起到辅助作用，通过每日三餐摄取必要的营养才最重要。不过，作为辅助，营养补充食品还是十分有效的。在日常饮食中，矿物质和维生素等营养元素易摄取不足，可以根据个人情况选择适合的营养补充食品。

训练计划的制订方法

训练计划：跑进3小时模式（深入训练一期）

目标：跑进 3 小时对于没有马拉松经验的人来说非常困难，该训练计划的标准很高，对象是已经完成跑进 4 小时目标的高级练习者。

	周一	周二	周三
第1周	休养	●慢跑50分钟 ●短距离冲刺跑 3次	●配速跑8~12千米 设定速度： 每千米4分15秒
第2周	休养	●慢跑50分钟 ●短距离冲刺跑 3次	●间歇跑1千米 × 5组 ※恢复=200米 设定速度： 每千米3分50秒~4分00秒
第3周	休养	●慢跑60分钟 ●短距离冲刺跑 3次	●渐进加速跑8千米 设定速度： 每千米4分15秒~4分00秒
第4周	休养	●慢跑60分钟 ●短距离冲刺跑 3~5次	●间歇跑1千米 × 5组 ※恢复=200米 设定速度： 每千米3分50秒~4分00秒

☐ 过渡性练习　　■ 重点练习

▶▶▶ 适合高级练习者的高强度训练计划

在跑进3小时模式下，练习者的目标是以跑进3小时为目标来制订计划的。要实现这一目标，练习者必须能够完成比跑进4小时模式强度更高的训练。

尤其是每个周末，渐进加速跑需要逐渐提高速度，最终达到每千米4分10秒左右的水平。由于难度相当高，其对象应该是已经能全程跑进4小时的高级练习者。

有些初次体验马拉松的人也能完成训练，但如果太过逞强，容易引起受伤或降低练习兴趣，这是练习大忌。初次体验马拉松的人，应该先从跑进4小时或初学者级别的项目开始练起，余力充沛时再逐渐提高等级。

调整 1　增减冲刺跑的次数

冲刺跑练习的目的是为接下来的重点练习打基础，能刺激并提升心肺功能，帮助练习者检查自己的活动状态。一般以 3~5 次为基本练习次数，也可以根据身体状况适量增减。

调整 2　勉强练习会影响整体计划

配速跑和渐进加速跑不可以过度追求时间而勉强练习。应该很少有人能确保长时间跑步的固定天数，因此请练习者一定要对每一次练习都予以重视。进行这两项练习时，也可以根据自己的身体状况，适当调节速度。

周四	周五	周六	周日
●慢跑30分钟	休养	●慢跑30~40分钟 ●短距离冲刺跑3次	●渐进加速跑20千米 设定速度： 每千米5分00秒→4分30秒
●慢跑30分钟	休养	●慢跑30~40分钟 ●短距离冲刺跑3次 （也可换为斜坡冲刺跑）	●配速跑15~20千米 设定速度： 每千米4分10秒~4分45秒
●慢跑30分钟	休养	●慢跑30~40分钟 ●短距离冲刺跑3次	●渐进加速跑20千米 设定速度： 每千米4分45秒→4分15秒
●慢跑30分钟	休养	●慢跑30~40分钟 ●短距离冲刺跑3~5次 （也可换为斜坡冲刺跑）	●渐进加速跑15~20千米 设定速度： 每千米4分30秒→4分10秒

练习者如能以每千米4分20秒的速度跑完20千米　**前往下一章 ➡**

注意！　挑战跑进3小时，需要提高AT（无氧阈）速度

有氧运动和无氧运动的分界点叫做AT（无氧阈，第039页）。有意挑战跑进3小时的练习者，需要在周末的配速跑阶段多进行无氧跑练习，该训练有助于提高耐力。

AT速度是一种"虽然有些吃力，但能够长时间坚持""再稍微加速就会造成呼吸紊乱"的速度，需要用感觉去把握。一开始就速度过快的话，很难长时间坚持，效果将不尽如人意。

Column About the Marathon

川越教练为您解疑答惑，助您解决烦恼！

▶▶▶ 对话川越总教练/跑者们的 Q & A ③

"提高自我管理能力"篇

Q7 我感觉现在的练习千篇一律，有些厌烦跑步了，应该怎样改善这种状况？

A 可以通过参加比赛、邀请朋友一起练习等方式，改变一下练习的气氛。参加长跑队的练习赛也是不错的选择。另外，改变练习的路线，跑一跑从未跑过的路线，也有助于改善心情。

Q8 我不知道什么样的训练程度才合适，不知道什么情况下是练习不足，什么情况下又是练习过度，该怎么去判断呢？

A 基本原则是：以符合目标的计划为基础，结合当时的身体状况进行调整。因此，可以使用脉搏计来把握和管理训练的强度（第005页）。另外，可采取记录训练日志（第009页）的方式，通过心跳数、体重、体温等数据有效把握自己的身体状况。有些长跑俱乐部有专业的教练，负责提供"制订训练项目"和"训练相关咨询"的服务，练习者也可以进行咨询。

Q9 我无法把握正确的距离，所以会造成速度不够稳定。在跑步时应如何正确地把握距离呢？

A 田径运动场、设有跑道的公园或河边的运动场一般都设有距离标示，练习者可以加以利用。另外，使用带有GPS的手表能准确测量距离和时间，从而把握自己的速度，且不受地点的限制。

The Basis & Practice Menu of Marathon

第3章

培养跑完全程所必需的耐力

深入训练二期

深入训练二期的练习以30千米为上限，
有利于培养跑完全程所需要的耐力。
另外，目标为完赛级别和初学者级别的练习者，
在该阶段训练结束并掌握了调整期（第5章）的内容后便可以直接参赛了。
因为那时他们已经具备了足够的能力来实现目标。

练习前/深入训练二期的心理准备

培养跑完马拉松全程所必需的耐力

在深入训练二期，练习者应培养跑完全程所需要的耐力。
因此，要有余力地完成30千米的训练。
如果有更高的目标，可以有意识地用比赛速度进行训练。

有余力地跑完30千米

有意识地用比赛速度进行训练

如果能有余力地完成30千米的训练，则可以认为已经具备了跑完马拉松所需要的耐力。练习者可以不必在意时间，坚持跑完30千米。

如果目标是跑进4小时、跑进3小时，那么练习者就需要有意识地保持比赛速度，具体来说，应进行10千米和30千米的配速跑（第038页），培养速度感以及达成目标所必需的保持速度的能力。

▶▶▶ 最低目标和更高目标

在深入训练一期跑完20千米,那么跑完30千米的目标就完全有可能实现了。如能有余力地跑完30千米,那可以说练习者已经具备了跑完全程的耐力。

但是,目标为完赛级别或是初学者级别的练习者,不必急于挑战30千米,而是应在力所能及的范围内,抽出一定的时间,慢慢培养耐力。

另外,挑战跑进4小时、跑进3小时的练习者,可以不满足于跑完30千米,而是有意识地进行配速跑的练习。有意识地控制速度,训练难度会骤升,不过若在此阶段扎实地提高了自身能力,达到跑进4小时、跑进3小时目标的可能性也会骤升。

你知道吗? **不同级别比赛速度的标准**

如下表所示,比赛速度的标准分目标为完赛、初学者、跑进4小时、跑进3小时四个级别。练习者可以设定适合个人能力的速度,并尽量以固定的速度练习。

目标为完赛

1千米	5千米	10千米	20千米	30千米	全程
8:00~ 8:30	40:00~ 42:30	1:20:00~ 1:25:00	2:40:00~ 2:50:00	4:00:00~ 4:15:00	5:37:34~ 5:58:39

初学者

1千米	5千米	10千米	20千米	30千米	全程
6:30~ 7:00	32:30~ 35:00	1:05:00~ 1:10:00	2:10:00~ 2:20:00	3:15:00~ 3:30:00	4:34:16~ 4:55:22

跑进4小时

1千米	5千米	10千米	20千米	30千米	全程
5:30~ 5:40	27:30~ 28:20	55:00~ 56:40	1:50:00~ 1:53:20	2:45:00~ 2:50:00	3:52:04~ 3:59:06

跑进3小时

1千米	5千米	10千米	20千米	30千米	全程
4:10~ 4:15	20:50~ 21:15	41:40~ 42:30	1:23:20~ 1:25:00	2:05:00~ 2:07:30	2:55:49~ 2:59:20

练习前/深入训练二期的目标

以30千米为目标，注意保持与比赛相同的速度

在深入训练二期，以30千米为目标，培养耐力和速度感。
能跑进4小时的练习者，不仅要跑30千米，
还要注意培养比赛速度意识，以缩短时间。

深入训练二期的目标
- 有余力地完成30千米的距离。
- 以比赛速度跑完10千米、30千米。

深入训练二期获得的能力
① 耐力
② 保持速度的能力
③ 速度感

▶▶▶ 以比赛速度坚持跑完30千米

在深入训练二期，练习者需要进一步提升在深入训练一期培养出的耐力、保持速度的能力和速度感。

深入训练二期的目标，首先是能够跑完30千米。培养比赛速度感也很重要，因此训练时要有意识地注意时间。如果目标仅是跑完全程，就不必过分在意时间。但是，努力跑进4小时、跑进3小时的练习者，需要以比赛速度坚持跑完30千米的配速跑（或渐进加速跑）。

练习者如果能跑完30千米，其实已经具备了跑完马拉松全程的能力。因此，只要目标不是跑进4小时或更高，可以在完成深入训练二期训练后参加比赛。

✓ **项目清单** 　确认深入训练二期中跑步训练的要点

☐ 配速跑（第038页）
用固定速度跑完一定距离的训练

实例　每周1次/①10千米、②30千米

要点　培养练习者统筹整个比赛、严格控制速度的能力。保持固定的速度，跑10千米和30千米两种距离。

【目标为完赛】不必练习

【初学者】①每千米6分40秒~7分00秒
　　　　　②每千米7分00秒

【跑进4小时】①每千米5分20秒~5分30秒
　　　　　　②每千米5分30秒~6分00秒

【跑进3小时】①每千米4分00秒~4分15秒
　　　　　　②每千米4分10秒~4分30秒

☐ 渐进加速跑（第076页）
分阶段的加速训练

实例　每周1次/①5~10千米、②30千米

要点　培养耐力和速度感。逐渐提高速度，完成10千米或30千米的渐进加速跑。

【目标为完赛】①每千米7分30秒→7分00秒
　　　　　　②每千米8分00秒→7分15秒

【初学者】①每千米7分00秒→6分30秒
　　　　　②每千米7分30秒→6分45秒

【跑进4小时】①每千米5分30秒→5分00秒
　　　　　　②每千米6分00秒→5分15秒

【跑进3小时】①每千米4分15秒→3分45秒
　　　　　　②每千米4分45秒→4分00秒

☐ 间歇跑（第100页）
快跑和慢跑交替的训练

实例　每月1~2次

要点　速度型训练的强度有利于强化心肺功能，培养保持速度的能力。因为强度较高，练习者需要结合自己的身体状况，避免累积疲劳。

水平等级测评　→完成以下内容后继续下一阶段（第4章）的练习！

【目标为完赛】能连续慢跑90分钟以上

【初学者】能以每千米7分00秒的速度跑完25~30千米

【跑进4小时】能以每千米5分50秒的速度跑完30千米

【跑进3小时】能以每千米4分30秒的速度跑完30千米

跑步训练（间歇跑）

训练项目 09 间歇跑

目标 该项目旨在锻炼心肺功能、消除体内累积的易疲劳的酸性物质。另外，该项目还能帮助练习者提高保持速度的能力。

快跑时，用冲刺跑的感觉进行练习

间歇跑时进行慢跑，调整呼吸

再次快跑，速度不可骤减

▶▶▶ 该项目效果较好，风险也较高

间歇跑训练是快速跑和慢速跑反复循环的速度型训练项目。具体来讲，是使出80%左右的力量跑400米左右的距离，接着大约以200米的慢跑作为间歇（恢复），再跑400米左右的距离。

练习者需连续不断地在快速跑和慢速跑之间切换，因此训练的强度较高。该训练能够锻炼心肺功能，但同时也容易造成酸性物质在体内累积。另外，该项目有利于增强保持速度的能力，适用于在体力训练的基础上追求更快速度的练习者。

但是，由于容易累积疲劳，因此该项目不适合一周进行多次，基本上是每周1次，最多2次。比赛前也不适合进行该项目。

对各水平等级的建议

目标为完赛
进行该项练习的意义不大。将短距离冲刺跑的间隔缩短，就可以变成强度较低的间歇跑练习。

初学者
该项目容易累积疲劳，因此，练习者应在增强跑步能力至一定程度之后，再进行该项训练。

跑进4小时
过快提速容易导致无法掌握训练内容，因此开始时应保留余力，之后再逐渐加速。

跑进3小时
注意保持正确的姿势。不要过分在意练习次数和时间，应当根据当时的身体状况调整速度。

训练图解　→不断重复"快跑→慢跑"

间歇跑的关键在于恢复期的慢跑。练习者不要停下脚步，而是通过慢跑使呼吸放慢（脉搏数下降）以提高练习的效果。

① 用80%的力量快跑
最初的400米要使出80%的力量快跑。以比较舒畅的感觉来跑，不要全力冲刺。

② 通过慢跑调整呼吸
逐渐变为慢跑，借由这200米的距离重新调整呼吸。中途不要停下来。

③ 再次以80%的力量快跑
逐渐提高速度，再快跑400米。疲惫时容易导致动作变形，所以要特别注意保持正确的姿势。

| 400米 | 200米 | 400米 |

注意！间歇跑训练过度也会降低训练效果

间歇期（恢复期）重在调整呼吸，如果速度过慢，间歇跑的时间过长，训练的效果就会打折扣，应在呼吸稳定下来后再次进行快速跑。根据练习者能力和练习次数的不同，效果多少会存在差异，建议练习者在练习时注意确认时间。

训练计划

目标为完赛模式（深入训练二期）

目标 即便跑步速度较慢，但如果能定期坚持长跑，就能有效培养体力，增加自信。请以连续跑 90 分钟为目标坚持训练。

	周一	周二	周三
第1周	休养	● 渐进加速跑40分钟 （最后10分钟加速）	休养
第2周	休养	● 渐进加速跑40分钟 （最后10分钟加速）	休养
第3周	休养	● 渐进加速跑40分钟 （最后10分钟加速）	休养
第4周	休养	休养	● 慢跑40分钟

过渡性练习　　重点练习

▶▶▶ 以慢跑90分钟为目标向前跑

通过深入训练一期之前的训练，初次挑战马拉松的人想必也已经逐渐适应了长跑。但是，进入深入训练二期之后，不要突然加强训练的时间和强度。

目标为完赛的练习者，在深入训练二期的目标是能连续跑够90分钟。不必在意时间，有余力地保持速度进行练习。

跑步的次数大约是每周2~4次。周末练习的时间比工作日稍有加长，工作日每天大概跑40分钟左右，周末的训练时间稍长（60~90分钟），是为了更好地提升体力。

能跑够90分钟是一种很好的体验，练习者能够因此建立信心，逐渐接近跑完全程的目标。

调整 1 周末跑较长距离，提升耐力

周末是进行较长距离练习的时期。对于目标为完赛者，深入训练二期的目标是跑够 90 分钟，但不必每次都为了达到目标勉强训练。在力所能及的范围内长时间练习，自然能够提升耐力。

调整 2 考虑疲劳程度，调整工作日的练习

工作日的练习强度根据周末重点练习后的疲劳程度而定。身体状态未恢复时，可以休息 2~3 天，将周二的重点练习移到周三进行。

周四	周五	周六	周日
休养	休养	●健走20分钟 ●慢跑60分钟	休养
●慢跑30分钟	休养	●慢跑60~90分钟	休养
●慢跑30分钟	休养	●慢跑20分钟 ●短距离冲刺跑3次	●慢跑90分钟 或 ●参加10千米或半程马拉松赛 （跑完全程即可）
休养	休养	●慢跑60~90分钟	休养

练习者如能连续慢跑90分钟　**前往下一章 ➡**

注意！ 训练计划应具备灵活性

制订训练计划非常重要，但在执行过程中容易出现难以实现计划的状况。如果不量力而行，容易受伤或累积疲劳。

训练的基本精神是快乐训练，死板地遵循计划，结果往往是无法长期坚持。所以，练习者应根据身体状况和心情适当调整计划，就算只是想着"可以多跑一会""可以比平时跑快一点"，也能增强训练的效果。

训练计划的制订方法

训练计划 初学者模式（深入训练二期）

目标 培养体力的训练至此进入了尾声。练习者如果能比较轻松地跑完30千米，就相当于能跑完马拉松全程的水平。练习时应注意避免累积疲劳造成受伤。

	周一	周二	周三
第1周	休养	●慢跑30分钟 ●短距离冲刺跑3次	●慢跑2千米 ●配速跑8千米 设定速度： 每千米6分40秒~7分00秒
第2周	休养	休养	●慢跑2千米 ●间歇跑1千米×5次 ※恢复=200米 设定速度： 每千米6分30秒
第3周	休养	●慢跑30分钟 ●短距离冲刺跑3次	●慢跑2千米 ●渐进加速跑5千米 设定速度： 每千米7分00秒→6分30秒
第4周	休养	休养	●慢跑2千米 ●配速跑8千米 设定速度： 每千米6分30秒~6分40秒

□ 过渡性练习　　■ 重点练习

▶▶▶ 注意避免疲劳累积，完成30千米目标

目标是4个多小时跑完全程者，在深入训练二期就要以30千米为目标，逐渐拉长练习距离，并把跑步天数增加到每周3~4次。这样一来，时间可能会较难安排，练习者应充分利用周末和工作日早晚的时间，切实掌握计划的内容。

深入训练二期针对初学者级别练习者，在周末加入了20~30千米的练习项目。距离加长，疲劳度也会随之上升，应注意多加休息，消除疲劳。如第059页所述，练习量一旦增加，睡眠时间和饮食量也应按比例增加。如果疲劳过度累积，不仅会减弱训练效果，也可能引发伤病，影响计划的正常进行。练习者对此务必要多加注意。

调整 1　首先在平坦的路面上尝试长跑

如果想连续跑完30千米，需要避开起伏路面，在平坦的路面上完成练习。具有能够在平路跑完30千米的能力后，再去起伏路面跑30千米，进一步提升能力。

调整 2　仅在最后加速也会有效果

周日进行的渐进加速跑需要逐渐地提高速度。如果感到难以加速，则应保持固定的速度，仅在最后几千米再加速。如果这也难以实现，则不要勉强，以固定的速度跑完全程即可。

周四	周五	周六	周日
休养	休养	● 慢跑30分钟 ● 短距离冲刺跑3次	● 配速跑20千米 设定速度： 每千米7分00秒 或 ● 越野跑20千米
休养	休养	● 慢跑30~40分钟 ● 短距离冲刺跑3次 （可换为斜坡冲刺跑）	● 渐进加速跑20~25千米 设定速度： 每千米7分30秒→6分45秒
休养	休养	● 慢跑30~40分钟 ● 短距离冲刺跑3次	● 越野跑20~25千米
休养	休养	● 慢跑30~40分钟 ● 短距离冲刺跑3次 （可换为斜坡冲刺跑）	● 渐进加速跑20~25千米 设定速度： 每千米7分30秒→6分45秒

可以用每千米7分00秒的速度跑完25~30千米　**前往下一章 →**

注意！　结合天气情况进行训练

进行训练时，未必总能遇到好天气，时常会有高温、强风、雨雪天气等。练习者需要根据天气和气温采取灵活的应对措施，例如，高温天气下勉强训练，易引起中暑，在雪地中训练容易滑倒引发意外。

因此，练习者应量力而行，选择安全地带进行练习。遇到强风、下雨等天气时，如果状况不是非常恶劣，也可以尝试挑战。

训练计划的制订方法

训练计划 跑进4小时模式（深入训练二期）

目标 这是最后一个增加跑步距离的阶段。练习者只有能跑完30千米，并将跑步成绩保持在每千米5~6分钟之内，才能达到跑进4小时的目标。请认真掌握每周5次的训练。

	周一	周二	周三
第1周	休养	●慢跑30分钟 ●短距离冲刺跑 3次	●慢跑2千米 ●配速跑10千米 设定速度： 每千米5分30秒~5分40秒
第2周	休养	●慢跑40分钟 ●短距离冲刺跑 3次	●慢跑2千米 ●间歇跑1千米×5次 ※恢复=200米 设定速度： 每千米5分00秒
第3周	休养	●慢跑60分钟 ●短距离冲刺跑 3次	●慢跑2千米 ●渐进加速跑5千米 设定速度： 每千米5分30秒~5分00秒
第4周	休养	●慢跑60分钟 ●短距离冲刺跑 3~5次	●慢跑2千米 ●配速跑10千米 设定速度： 每千米5分20秒~5分30秒

□ 过渡性练习　■ 重点练习

▶▶▶ 逐渐延长训练距离至30千米，目标设在每千米5~6分钟

笔者指导的训练中，练习者每天最多跑30千米，也就是说，深入训练二期是延长训练距离的最后一个阶段。在该阶段的训练后，练习者必须能够顺利地跑完30千米。

目标是跑进4小时者，必须留意跑完一定距离所需的时间。至少要在5~6分钟之内跑完1千米，并多累积这样的训练经验。

另外，在深入训练二期，越野跑首次出现在训练中。若家附近有公园等带有起伏路面的训练场所，具备练习所需的环境条件，请积极进行越野跑练习。如果没有适合越野跑训练的场地，可以用配速跑或渐进加速跑代替。

	调整 1	疲劳无法消除时，增加休养日
		在该计划中，周日是训练的重点。练习之后，如果周一的休息不足以消除疲劳，周二可以进一步减轻训练强度或是直接休息。等到彻底消除疲劳之后，再进行下一项目的训练。

	调整 2	周末未能进行的练习在工作日弥补
		周三是重点练习，属于短距离快速跑的速度型练习。周末未能进行长距离练习者，在该计划所列项目之后，可进行较长的慢跑练习，作为提高耐力的弥补性训练。

周四	周五	周六	周日
● 慢跑30分钟	休 养	● 慢跑30分钟 ● 短距离冲刺跑3次	● 配速跑20~30千米 设定速度： 每千米6分00秒 或 ● 越野跑20千米
● 慢跑30分钟	休 养	● 慢跑30~40分钟 ● 短距离冲刺跑3次 （可换为斜坡冲刺跑）	● 渐进加速跑25~30千米 设定速度： 每千米6分15秒→5分15秒
● 慢跑30分钟	休 养	● 慢跑30~40分钟 ● 短距离冲刺跑3次	● 越野跑20千米 设定速度： 每千米5分30秒→6分00秒 或 ● 10千米或半程马拉松赛
● 慢跑30分钟	休 养	● 慢跑30~40分钟 ● 短距离冲刺跑3~5次 （可换为斜坡冲刺跑）	● 渐进加速跑25~30千米 设定速度： 每千米6分00秒→5分15秒

可以用每千米5分50秒的速度跑完20千米　前往下一章 ➡

注意！ 训练的平衡在于跑步、营养、休息三者取得平衡

到了深入训练二期，可能会出现之前训练累积的疲劳无法消除、腿部不适等状况。如果置之不理，可能会给身体带来无法挽回的损失。

因此，练习者不可过度追求完成预定的练习项目。训练不仅仅包括跑步，只有跑步、营养、休息三者取得平衡，才有可能有效地提高水平。

训练计划

跑进3小时模式（深入训练二期）

目标 想达到跑进3小时的目标，训练强度自然会更高，这并非仅指跑更远的距离，还包括以提高练习效率为目的地制订计划，并确实完成。

	周一	周二	周三
第1周	休养	● 慢跑50分钟 ● 短距离冲刺跑 3次	● 配速跑8~10千米 设定速度： 每千米4分00秒~4分15秒 或 ● 越野跑10千米
第2周	休养	● 慢跑50分钟 ● 短距离冲刺跑 3次	● 间歇跑1千米 × 7次 ※恢复=200米 设定速度： 每千米3分45秒~4分00秒
第3周	休养	● 慢跑60分钟 ● 短距离冲刺跑 3次	● 间歇跑2千米 × 5次 ※恢复=400米 设定速度： 每千米3分55秒~4分05秒
第4周	休养	● 慢跑60分钟 ● 短距离冲刺跑 3次	● 间歇跑400米 × 15次 ※恢复=200米 设定速度： 400米用时90~92秒

□ 过渡性练习　　■ 重点练习

▶▶▶ 认真掌握计划内容，不可急躁

即便目标是跑进3小时的练习者，其练习的距离上限也是30千米，因此需要有意识地把握时间。在深入训练一期如果能以每千米4分10秒的速度跑完20千米，那么在深入训练二期，就要将目标设定在以同样速度跑完30千米。练习者应间隔进行慢跑练习，不可累积疲劳，长距离练习每周只需进行1次。

一些练习者对自己的成绩不满，心里急躁，试图每周进行2~3次30千米的训练。但是，如果每周都进行数次30千米的训练，会给身体带来较大的负面影响。每周只跑一次30千米，其他时间用来调整身体，进行其他强度的训练以及强化训练等，张弛有度，才有利于提高能力。

> **调整 1　越野跑每圈都要确认所需时间**
>
> 越野跑中，因路面有起伏，每千米所需的时间不是固定值。因此，若是在环形路线进行越野跑，应确认每圈的时间作为参考。

> **调整 2　通过调节性距离来调节训练强度**
>
> 进行间歇跑练习时，练习者应根据呼吸状况作出判断，将调节性距离定在200~400米。练习中一旦无法保持预定的速度，则可以考虑延长调节性距离，或减慢在调节性距离内的跑步速度，促进体力恢复。

周四	周五	周六	周日
● 慢跑30分钟	休养	● 慢跑30~40分钟 ● 短距离冲刺跑3次	● 越野跑20~25千米 设定速度： 每千米4分00秒~4分30秒
● 慢跑30分钟	休养	● 慢跑30~40分钟 ● 短距离冲刺跑3次 （可换为斜坡冲刺跑）	● 渐进加速跑20~30千米 设定速度： 每千米4分45秒→4分10秒
● 慢跑30分钟	休养	● 慢跑30~40分钟 ● 短距离冲刺跑3次	● 配速跑20千米 设定速度： 每千米4分15秒~4分30秒 或 ● 10千米或半程马拉松赛
● 慢跑30分钟	休养	● 慢跑30~40分钟 ● 短距离冲刺跑3~5次 （可换为斜坡冲刺跑）	● 渐进加速跑20~30千米 设定速度： 每千米4分30秒→4分00秒

可以用每千米4分30秒的速度跑完30千米　　前往下一章 ➡

> **注意！　不拘泥于最佳状态时的表现，而是从现在的身体状况出发来考虑**
>
> 有些练习者在提高级别后，对自己刷新纪录时的表现印象特别深刻。当然，对自己的上佳表现感到满意，能从正面去进行自我肯定，这是很重要的。
>
> 但是，如果一味模仿当时的过程，并与自己练习时的成绩相比较，是很危险的。当时与现在的过程不同，天气情况和身体状况也不同。练习者应从现在的身体状况出发来考虑，根据现在的身体状况进行有效的训练。

Column About the Marathon

川越教练为您解疑答惑,助您解决烦恼!

▶▶▶ 对话川越总教练/跑者们的Q & A ④

"进一步提高水平"篇

Q10 请问练习时应该如何呼吸?我中学时上体育课学到的是"吸—吸—呼—呼"(吸气2次,呼气2次),这是正确的呼吸方法吗?

A 这种方法没错,但不要刻意这样呼吸,每个人都有适合自己的呼吸方法。跑步中如果感到痛苦,应有意识地注意呼气,就能自然地将氧气吸进体内,有利于减轻负担。

Q11 我迟迟没能找到具有同样节奏的跑伴,我应该去哪里找呢?需要注意些什么?

A 笔者所在的俱乐部的练习赛中,根据参赛者的水平,教练会给予指导,使练习者掌握节奏。也有其他几家俱乐部在举办同样的练习赛。另外,也可以通过参加比赛结识跑伴。通过这些方法,可以找到与自己节奏相近的跑伴,关键是要有"跟这个人一起跑觉得很舒服"的感觉。

Q12 我身体状况的好坏总与练习的内容对应不上,总是一直在调整训练计划的内容。到了赛前想提升状态,却总是不尽如人意,感到很焦躁。请问这种情况下,我应该如何调整状态、如何练习呢?

A 可能是您的目标计划设定得太高了,首先应该了解自己目前的能力,稍微降低练习难度,踏踏实实地进行训练。训练中经常会出现不按计划进行,而是结合当天身体状况进行调整的情况,尤其是在比赛前,稍微降低训练质量、减少练习量也不会有问题,所以应该正常训练,不可焦躁。

The Basis & Practice Menu of Marathon

第4章

强化速度,刷新纪录

实践期

要达到跑进4小时、跑进3小时的目标,不仅需要耐力,也需要具备足够的速度。在实践期,培养强烈的比赛意识,努力提高速度是该阶段的重要任务。练习者可以想象自己完成了较大的目标时的样子,以这种心态来挑战高水平的训练项目。

练习前 / 实践期的心理准备

强化速度，改善体质，开启身体的比赛模式

在实践期，除了提高能力，保养身体也非常重要。
练习者在通过速度型训练刺激心肺功能的同时，
还要调整饮食和练习量，改善血液状况。

提高保持速度的能力

如果志在刷新纪录，除了要有在深入训练二期中培养的耐力，也要注意提高保持速度的能力。

以比赛速度跑完半程

在实践期，应培养保持速度的能力，能以比赛速度跑完半程马拉松（大约20千米）。

改善血液状况

改善血液状况是改善体质的重要部分。练习者应避免过量出汗，保证血液中血红蛋白的数量。

降低身体脂肪含量

该阶段的训练量有所减少，减去的身体脂肪容易反弹。练习者应保持10%~20%的身体脂肪含量。

▶▶▶ 同时进行多项训练，并注意保养身体

要想顺利跑完30千米，在实践期能以比赛速度跑完半程（大约20千米）是一个重要目标。因此，练习者必须有意识地进行提高速度的训练。

另外，保养身体和提高能力同样重要，具体来说，需要改善血液状况、降低身体脂肪含量。尤其是在血液状况方面，认真进行了深入训练二期之前训练的人，有可能会陷入贫血（血红蛋白减少）的状态，此时需要多吃含铁元素较多的食物或补品。

另外，练习者在实践期需要多从比赛的角度考虑，避免训练过量。该阶段的关键是提高训练质量，减少训练数量。

你知道吗？ 为什么要关注血液状况和身体脂肪含量？

实践期已接近正式比赛，调整身体状况是十分重要的。该阶段的重点是"改善血液状况"和"降低身体脂肪含量"。练习者需要注意这两点，以改善身体内部状况。

血液状况

虽然存在个体差异，但到了该阶段，练习者一般都会出现血红蛋白减少的情况。血红蛋白减少，意味着血管每次收缩输送到体内的氧气量也会减少，容易出现身体疲劳，此时，摄取含铁较多的食物是非常重要的。另外，出汗会导致血红蛋白减少，所以练习者应该避免蒸桑拿或是进行大量排汗的训练项目。

错

身体脂肪含量

比赛前，身体脂肪含量应该控制在10%~20%之间。通过之前的训练，练习者的身体脂肪含量应该下降了不少，不过在实践期练习量减少，可能会出现身体脂肪含量上升的情况。练习者应根据训练量调整饮食，控制身体脂肪含量。

保持在10%~20%！！

> 练习前/实践期的目标

想象正式比赛现场，磨炼速度与节奏感

实践期的目标是：考虑正式比赛的情况、强化保持速度的能力以及磨炼节奏感。练习者在备战比赛时，要减少训练量以消除疲劳，不妨做一些能保持和提升体能的训练。

实践期的目标
以比赛速度跑完半程（约20千米）

实践期获得的能力
①比赛的节奏感
②保持速度的能力

▶▶▶ 训练与休息的平衡非常重要

在实践期，练习者练习时需要考虑正式比赛的状况。在深入训练二期之前的训练中，练习者已经培养了足够的耐力基础，所以从这个阶段开始练习者需要加强保持□的能力，创造更好的纪录。

□赛中，控制速度的能力和磨炼节□□□要的。具体来说，练习者要能以比赛速度跑完半程（约20千米）。

另外，练习者需要注意身体的疲劳状况，但是不要过度休息，使好不容易培养起来的能力下降。因此，进行训练时应该减少训练量，但要提高质量。

同时，练习者还可采用按摩、补充维生素B、维生素C等练习之外的方式来缓解疲劳。

☑ 项目清单　　**确认实践期跑步训练的要点**

☐ 配速跑（第038页）
以固定速度跑固定距离的训练

实例　每周1次/①跑6~10千米、②半程

要点　练习者每能以比赛速度跑完半程（约20千米）。如何设定比赛速度也是需要注意的。

【目标为完赛】①每千米7分30秒~8分00秒
　　　　　　　②每千米8分00秒~8分30秒
【初学者】　　①每千米6分15秒~6分45秒
　　　　　　　②每千米6分45秒~7分30秒
【跑进4小时】①每千米5分00秒~5分30秒
　　　　　　　②每千米5分30秒~5分40秒
【跑进3小时】①每千米4分00秒~4分10秒
　　　　　　　②每千米4分10秒~4分15秒

☐ 渐进加速跑（第076页）
分阶段的加速训练

实例　每周1次/①6~10千米、②15~30千米

要点　逐渐提高速度，开始时保存余力，逐渐加速至接近最大速度。通过该训练不仅能提高耐力，还能锻炼保持速度的能力。

【目标为完赛】①每千米7分30秒→7分00秒
　　　　　　　②不必进行
【初学者】　　①每千米7分00秒→6分30秒
　　　　　　　②不必进行
【跑进4小时】①每千米5分30秒→5分00秒
　　　　　　　②每千米6分00秒→5分30秒
【跑进3小时】①每千米4分15秒→3分50秒
　　　　　　　②每千米5分00秒→4分00秒

☐ 计时跑（第116页）
以超过比赛速度的速度进行的训练

实例　每月1次，参加半程马拉松赛

要点　以略超过比赛速度的速度进行训练，消除对比赛的不安感。最迟要在赛前2~3周开始进行，注意不要过分勉强训练。

【目标为完赛】不用设定速度（跑完全程即可）
【初学者】　　每千米6分50秒→6分40秒
【跑进4小时】每千米5分30秒→5分20秒
【跑进3小时】每千米4分10秒→4分05秒

☐ 间歇跑（第100页）
快跑和慢跑交替进行的训练

实例　每月1~2天

要点　通过该项训练可以提高练习者保持速度的能力，以达到实践期的要求。需要注意的是，该项目容易累积疲劳，因此每周最多进行一次即可。

水平等级测评　→完成以下内容后继续下一阶段（第5章）的练习！

【目标为完赛】能跑完半程马拉松，中间不换为步行

【初学者】能在2小时25分钟之内跑完半程

【跑进4小时】能在1小时55分钟之内跑完半程

【跑进3小时】能在1小时25分钟之内跑完半程

训练项目 10 计时跑

目标 该项目通过设定时间的方式进行训练,目的是模拟比赛并消除练习者的不安情绪。请您满怀信心地挑战本项目吧!

One Point! 建议

避免训练过度、累积疲劳

计时跑的目的不是提高能力,而是消除练习者的不安情绪,因此要注意避免训练过度、累积疲劳。

事先确定练习的距离,在5~20千米之内。跑步速度相对比赛速度略快,有利于培养自信。

▶▶▶ 想象正式比赛,消除不安情绪

直到正式比赛前,练习者都会对自己能否按节奏跑下来怀有不安情绪。为了消除这种情绪,应该进行计时跑,以比比赛速度稍快的速度进行。

练习的距离从5千米开始,最长至20千米。该项练习的目的并非深入训练,所以没必要进行长距离跑步练习。该练习最大的目的是树立自信,"以比正式比赛稍快的速度跑一定的距离"。

练习时间应持续到赛前2~3周。还有,即便无法保持比赛速度,练习者也不必感到失落,此时应该检讨自己为何没能保持住速度,并考虑重新设定比赛速度,从正面的角度认识赛前发现的问题。

对各水平等级的建议

目标为完赛
跑步时想象正式比赛的场景，注意不可训练过度。

初学者
需事先设定好跑步速度，开始时不要使出全力，而应按照预定速度跑步。

跑进4小时
可将该项目当做正式比赛的模拟练习。练习者可根据结果把握自己的水平，调整训练的内容。

跑进3小时
主要目的是让练习者把握自己现在的能力，不因一次的结果而或喜或忧，要积极地面对结果。

时间标准
参考标准，可根据能力和疲劳程度进行微调

下表是针对各级别设定的时间标准，练习者只要严格按照该表进行练习，就会收到较好的练习效果。练习者可根据自己的能力和疲劳程度，设定时间，作出微调。

	5千米跑	10千米跑	15千米跑	20千米跑
目标为完赛	每千米7分10秒~7分30秒	每千米7分45秒~8分05秒	每千米7分55秒~8分15秒	每千米8分10秒~8分30秒
初学者	每千米6分00秒~6分20秒	每千米6分15秒~6分35秒	每千米6分30秒~6分50秒	每千米6分40秒~7分00秒
跑进4小时	每千米5分00秒~5分20秒	每千米5分10秒~5分30秒	每千米5分15秒~5分35秒	每千米5分20秒~5分40秒
跑进3小时	每千米3分35秒~3分55秒	每千米3分40秒~4分00秒	每千米3分45秒~4分05秒	每千米3分50秒~4分10秒

注意！ 也可以参加短距离比赛

个人计时跑可以采用参加5~10千米跑或半程马拉松跑的方法代替，这样不仅能够达到消除不安情绪的目的，也能适应比赛的氛围。在目标比赛之前，如果有合适的比赛，请一定尝试参加。

训练计划的制订方法

训练计划 目标为完赛模式（实践期）

目标　对于目标为完赛的练习者来说，实践期也是提升耐力的时期。通过进一步增强耐力，才能培养出能跑完全程马拉松的能力。

	周一	周二	周三
第1周	休养	● 慢跑30分钟	休养
第2周	休养	● 慢跑40分钟 ● 短距离冲刺跑3次	休养
第3周	休养	● 慢跑40分钟 ● 短距离冲刺跑3次	休养
第4周	休养	● 慢跑30分钟	休养

过渡性练习　　重点练习

▶▶▶ 理想状态是跑够120分钟，逐渐增加跑步距离

　　练习者如果旨在更新自己的纪录，在实践期就应带着比赛意识提高速度；而如果目标为完赛，那么在这个时期，就要集中培养跑完全程所需的耐力。

　　在实践期，训练的次数应该增至每周3~4次。关于练习时间，平时如果是60分钟以内，周末就应调整至90~120分钟，这对于已经认真掌握了之前训练内容的练习者来说，难度并不算高。

　　如果具备了跑完120分钟所需的体力，跑完马拉松全程也就指日可待。该阶段容易累积疲劳，感到吃力，练习者需要努力消除疲劳，向着目标前进。

调整 1	一旦疲劳累积，可调整休息日
	在周末的重点练习后，如果身体尚处在疲劳状态，练习者不必勉强进行周二的练习。继续每周训练 2~3 次，只在身体状态较好时进行周二的训练。

调整 2	不可拘泥于时间，缩短练习距离
	工作日进行的渐进加速跑和配速跑练习速度比普通的慢跑稍快即可。练习者不可过分拘泥于时间，缩短跑步距离。

周四	周五	周六	周日
● 渐进加速跑40分钟 （最后10分钟加速）	休养	● 慢跑30分钟 ● 短距离冲刺跑3次	● 健走60分钟 ● 慢跑60~90分钟
● 渐进加速跑40分钟 （最后10分钟加速）	休养	● 慢跑30分钟 ● 短距离冲刺跑3次	● 慢跑90~120分钟
● 慢跑30分钟	休养	● 慢跑20分钟 ● 短距离冲刺跑3次	● 慢跑90~120分钟 或 ● 参加半程马拉松赛 （跑完全程即可）
● 配速跑40分钟 （以固定的速度跑完）	休养	休养	● 慢跑90~120分钟

能连续跑完半程马拉松，中间不换为步行　前往下一章 ➡

注意！ 以适合自己的方法彻底消除疲劳

随着训练量的积累，消除疲劳成了训练中的重点。如果在疲劳未能消除的情况下进行长距离跑或者配速跑，可能会使疲劳加剧。

因此，无法消除疲劳之时，练习者应果断终止配速跑，将原本的练习改为休息，或接受按摩和针灸治疗、高压氧治疗、泡温泉等，找到适合自己的放松身心的方法。

訓練计划的制订方法

训练计划 初学者模式（实践期）

目标　练习者的目标如果是在 4~5 小时内跑完全程，则不必重视速度强化训练。感受比赛速度（每千米 7 分 20 秒）或相对更快的速度（每千米 6~7 分），让身体记住速度感。

	周一	周二	周三
第1周	休养	休养	● 慢跑30分钟 （疲劳累积时，也可以休息）
第2周	休养	休养	● 慢跑30分钟 ● 短距离冲刺跑3次 （疲劳累积时，也可以休息）
第3周	休养	休养	● 慢跑30分钟 ● 短距离冲刺跑3次 （疲劳累积时，也可以休息）
第4周	休养	休养	● 慢跑30分钟 ● 短距离冲刺跑3次 （疲劳累积时，也可以休息）

□ 过渡性练习　　■ 重点练习

▶▶▶ 感受比赛速度，预备比赛

在深入训练二期顺利跑完30千米后，在实践期训练中便应有比赛速度的意识。该训练的目的是为正式比赛磨炼节奏感。

练习者跑1千米的时间如果在7分20秒左右，则完全有可能全程跑进4~5小时。只要坚持比赛速度，中途不换为步行，就能够达成该目标。因此，对于初学者级别的练习者，没有必要再去进行大量的速度强化训练。

具体做法是每周进行一次长距离的渐进加速跑或配速跑，感受其节奏感。训练中可以间隔进行慢跑之类的适度运动与休养以消除疲劳，以较好的精神状态迎接重点练习。

> **调整 1　隔周调整跑步练习的距离**
>
> 如果体力允许，周末可进行长距离跑步练习，但如果每周都进行长距离练习，容易造成疲劳累积。因此，设定 25~30 千米和 15~20 千米这两种距离，隔周交替进行也不错。

> **调整 2　可根据身体状况调整练习日**
>
> 练习者可根据疲劳状况，选择周三休息，等身体完全恢复后再进入周四的练习，即根据身体状况变更计划。当然，这并不是说不可按照计划进行训练。

周四	周五	周六	周日
● 慢跑2千米 ● 配速跑6千米 设定速度： 每千米6分30秒~6分40秒	休养	● 慢跑40分钟 ● 短距离冲刺跑3次	● 慢跑90~120分钟
● 慢跑2千米 ● 渐进加速跑6~8千米 设定速度： 每千米7分00秒→6分30秒	休养	● 慢跑40分钟 ● 短距离冲刺跑3次	● 慢跑90~120分钟
● 慢跑2千米 ● 渐进加速跑6~8千米 设定速度： 每千米7分00秒→6分30秒	休养	● 慢跑20分钟 ● 短距离冲刺跑3次	● 慢跑90~120分钟 或 ● 10千米或参加半程马拉松赛
● 慢跑2千米 ● 渐进加速跑6~8千米 设定速度： 每千米7分00秒→6分30秒	休养	● 慢跑30分钟 ● 短距离冲刺跑3次	● 慢跑90~120分钟

可以在2小时25分钟之内跑完半程马拉松　前往下一章 ➡

> **注意！　以跑完全程为目标，检查自己的饮食情况**
>
> 理想状态是，练习者在进入实践期时已经树立了跑完全程的目标，目标就是跑完30千米，中途不换为步行。在30千米内仍然需要步行休息者，可以加入慢跑或步行，尽量长时间地保持运动状态。
>
> 另外，进入实践期后也没能减少身体脂肪的人，在饮食上需要引起注意。应控制多油或高卡路里食物的摄入量，努力降低身体脂肪含量。

训练计划的制订方法

跑进4小时模式（实践期）

目标 实践期的目标是使练习者培养比赛的节奏感并强化速度。尽量不要把疲劳带入比赛中，重视训练质和量的平衡是非常重要的。

	周一	周二	周三
第1周	休养	● 慢跑30分钟 ● 短距离冲刺跑3次	● 慢跑2千米 ● 渐进加速跑5千米 设定速度： 每千米5分30秒→5分00秒
第2周	休养	● 慢跑30分钟	● 慢跑2千米 ● 渐进加速跑8千米 设定速度： 每千米5分30秒→5分00秒
第3周	休养	● 慢跑40分钟 ● 短距离冲刺跑3次	● 慢跑2千米 ● 渐进加速跑8千米 设定速度： 每千米5分30秒→5分00秒
第4周	休养	● 慢跑40分钟 ● 短距离冲刺跑3~5次	● 慢跑2千米 ● 间歇跑1千米×5次 ※恢复=200米 设定速度： 每千米5分00秒

☐ 过渡性练习　　☐ 重点练习

▶▶▶ 掌握跑进4小时所需的节奏感

实践期的主要目标是培养练习者的比赛速度感，并强化速度。为了避免疲劳累积，训练内容要实现从量到质的转换。

要跑进4小时，最慢也要以低于每千米5分40秒的速度跑完42.195千米的距离。因为后半程可能会因为疲劳出现减速现象，训练时应尽量每千米能跑到5分至5分30秒之内。

另外，在实践期和深入训练二期，参加半程或10千米马拉松比赛也是很有效的练习方式，这样既能为正式比赛作准备，也能帮助练习者发现只有在比赛中才能发现的问题，比如"因跑出了状态导致无意识地加速过度"等。

| | 调整 1 | 根据身体状况灵活调整计划 | | 调整 2 | 管理体能状况和调整计划是达成目标的关键 |

如果周三的重点练习导致了大量的身体消耗，练习者可在周四休息，或者也可以进行轻量的训练项目如健走之类的积极休养（第059页），促进疲劳消除。

该阶段练习者容易感到疲劳。坚持正确的训练方法非常重要，因此有必要不时对速度和距离等进行调整。不要死板地执行计划，而是应优先考虑身体状况，调整练习计划。

周四	周五	周六	周日
●慢跑30分钟	休养	●慢跑30分钟 ●短距离冲刺跑3次	●渐进加速跑20~30千米 设定速度： 每千米6分00秒→5分30秒
●慢跑30分钟	休养	●慢跑30分钟 ●短距离冲刺跑3次 （也可改为斜坡冲刺跑）	●配速跑25~30千米 设定速度： 每千米5分40秒
●慢跑40分钟	休养	●慢跑40分钟 ●短距离冲刺跑3次	●渐进加速跑20~30千米 设定速度： 每千米6分00秒→5分30秒 或 ●参加半程马拉松赛
●慢跑40分钟	休养	●慢跑40分钟 ●短距离冲刺跑3~5次 （也可改为斜坡冲刺跑）	●配速跑15~20千米 设定速度： 每千米5分30秒

可以在1小时55分钟之内跑完半程马拉松　前往下一章 ➡

注意! 参加比赛，积累实战经验!

为了积累实战性的训练经验，笔者鼓励练习者参加半程马拉松比赛。练习者即便在训练中能顺利地跑完一定的距离，但到了实际比赛中，也可能会遇到各种在平时训练中不会遇到的情况，如因为紧张导致速度过快、一时兴起与其他选手拼速度导致体力消耗等。练习者要认真思考自己在参加比赛时可能存在哪些问题，积极寻找应对方法。

训练计划的制订方法

训练计划 跑进3小时模式（实践期）

目标：掌握了实践期的内容，经过调整期后，就进入了正式比赛期。能否跑进3小时，取决于练习者在实践期是否确实强化了速度并掌握了节奏感。让我们把握好这最后一个提升能力的训练阶段吧！

	周一	周二	周三
第1周	休养	●慢跑50分钟 ●短距离冲刺跑3次	●配速跑8~10千米 设定速度： 每千米4分00秒~4分10秒 或 ●越野跑10千米
第2周	休养	●慢跑50分钟 ●短距离冲刺跑3次	●间歇跑1千米×7次 ※恢复=200米 设定速度： 每千米3分45秒~4分00秒
第3周	休养	●慢跑60分钟 ●短距离冲刺跑3次	●渐进加速跑8~10千米 设定速度： 每千米4分15秒~3分50秒 或 ●越野跑10千米
第4周	休养	●慢跑40分钟 ●短距离冲刺跑3~5次	●间歇跑400米×10次 ※恢复=200米 设定速度： 400米用时90~92秒

□ 过渡性练习　　■ 重点练习

▶▶▶ 要跑进3小时，应以不可或缺的速度强化为核心

对于目标是跑进3小时的练习者来说，实践期是非常重要的时期。因为计算一下就可以知道，练习者必须用每千米4分10秒的速度才能够跑完42.195千米。要想将跑1千米所需的时间缩短至4分到4分30秒之间，速度强化训练是必不可少的。因此，在实践期，除了一直在训练的耐力之外，提高速度能力也是该阶段训练的重要课题。

因此，计划中加入了大量的间歇跑练习。因为临近比赛，每两周进行1次可以有效地提高比赛速度。但是，间歇跑练习容易导致疲劳，应注意不可训练过度，每周最多练习1次，基本保持在每两周练习1次，如果过量，有可能到赛前也无法消除疲劳。

调整 1	快速跑短距离，还是慢速跑长距离
	练习者没必要在每个周末都进行长距离练习，只需在跑15千米时缩短预定时间，跑30千米时延长预定时间，根据距离设定跑速即可。

调整 2	重视 AT 速度，最后的关键时期调节速度
	进入实践期以后，练习者容易联想到正式比赛的情况，更重视训练的进展状况，容易引发焦躁情绪，并会因此越来越重视练习的距离和速度，但 AT 速度才是根本。练习者应时刻提醒自己"加速从后半程开始"。

周四	周五	周六	周日
●慢跑30分钟	休养	●慢跑30~40分钟 ●短距离冲刺跑3次	●渐进加速跑15~25千米 设定速度： 每千米5分00秒→4分30秒
●慢跑30分钟	休养	●慢跑30~40分钟 ●短距离冲刺跑3次 （也可改为斜坡冲刺跑）	●渐进加速跑20~30千米 设定速度： 每千米5分00秒→4分00秒
●慢跑30分钟	休养	●慢跑30~40分钟 ●短距离冲刺跑3次	●配速跑20千米 设定速度： 每千米4分10秒 或 ●参加半程马拉松赛
●慢跑30分钟	休养	●慢跑30~40分钟 ●短距离冲刺跑3~5次 （也可改为斜坡冲刺跑）	●渐进加速跑20~30千米 设定速度： 每千米4分20秒→4分00秒

可以在1小时25分钟之内跑完半程马拉松　前往下一章 →

注意! 备战比赛，改善血液状况

旨在跑进3小时的练习者，应通过记录日记等方式，管理好自己的健康。尤其是血液状况和身体脂肪状况，临近比赛时，必须把身体调整到最佳状态。

练习者应努力提高血液中血红蛋白的含量，为此，练习时应尽量避免较硬的路面，不要过量出汗，多吃含铁的食物。在练习中将科学数据纳入考量，也有利于刷新自己的纪录。

Column About the Marathon

让我们来听听业余马拉松练习者怎么说。
结合川越教练的评论，可以为您的练习提供参考！

▶▶▶ **跑者感言①**

什么样的契机促使您开始跑马拉松？

- 我高中时擅长长跑。
- 我想在体育方面获得成功。为了度过一个无悔的人生，我坚持要在体育方面创造一项纪录。
- 为了健康。
- 我报名参加东京马拉松赛，为了参赛而练习。
- 体重增加了，想要减肥。
- 有朋友邀请一起跑。
- 想通过练习马拉松促进消化，吃更多美食。
- 与朋友一起参加接力跑比赛，觉得自己速度很快，从此开始痴迷于长跑。
- 一直在健身房的跑步机上跑，变得不想去外面跑步，正在此时接到了马拉松的参赛邀请。

川越评论

我认为对于保持健康和减肥而言，马拉松是最适合的运动。练习者在树立了目标之后，就一定要坚持下去。另外，希望那些在健身房运动的朋友也能更多地参与到马拉松运动中。在外面跑步不但非常舒适，也能增进食欲，同时还能够感受四季的变化，有利于消除疲劳。去各地参加比赛能增加接触美好事物的机会，是非常好的旅游体验。

▶▶▶ **跑者感言②**

练习马拉松需要在日常生活中注意哪些问题？

- 不熬夜或过量饮酒。
- 保证每天的睡眠时间。
- 不吃快餐食品。
- 注意饮食营养。
- 训练日不可间断三天以上。
- 不可因马拉松练习变得以自我为中心，而是应以家庭为中心分配时间。

川越评论

练习者如果睡眠不足或者宿醉，是无法正常训练的。马拉松的练习中敷衍了事是行不通的。另外，补充营养固然非常重要，但也不可补充过量，重要的是整体的营养均衡。时间分配的意识也非常好，只有有了家人和朋友的支持，才能快乐而充实地度过马拉松训练生活。

第5章

备赛期间调整身体状况
调整期

练习者如果在比赛前进行高强度跑步训练，
将很难在比赛中发挥出最高水平。
调整期的主要目的是使练习者在维持能力的基础上，
消除疲劳，调整身体状况。
要相信此前训练的效果，
使比赛当天的身体达到最佳状态。

练习前/调整期的心理准备

将体能的巅峰状态
调整至比赛当日

在调整期，练习者应以比赛当天为基准，调整身体状态。该阶段不求提高能力，而是要求练习者从各个方面努力，争取以最佳状态迎接比赛。该阶段是准备的最后阶段。

消除疲劳

如果练习者处于疲劳状态，将不可能发挥出百分之百的水平。到了这个阶段，应该相信自己的能力，适当休息。

调整身体状况

练习者应有意识地调整身体状态的各个方面，如饮食平衡、按摩护理、充足睡眠、适当训练等。

提高比赛状态

消除疲劳，调整好状态，精气神自然就会显现出来。应注意通过适当的训练消除训练减少带来的不安情绪。

▶▶▶ 保持能力，调整好身体状态

到了比赛前，有的练习者会觉得"是不是训练量还是不够"，进而焦躁慌张地进行高强度的训练，其实这完全适得其反。赛前10~14天已经进入调整期，练习者不应投入大力气在训练上，而是应该优先调整身体状态，争取比赛时将现有能力发挥到最大限度。

练习者应进行能够保持现有能力的最低强度的训练，同时做一些消除疲劳的护理以调整身体状态。另外，进行糖原负荷法练习（第132页），多在体内贮存能量来源糖原，参加比赛时将更容易达成目标。

你知道吗？ 备战比赛，调整身体状态

调整期需要重点注意"能力""疲劳""状态"等三个要素。
练习者应注意保持能力、彻底消除疲劳、调整身体状况，从而提升体能状态。

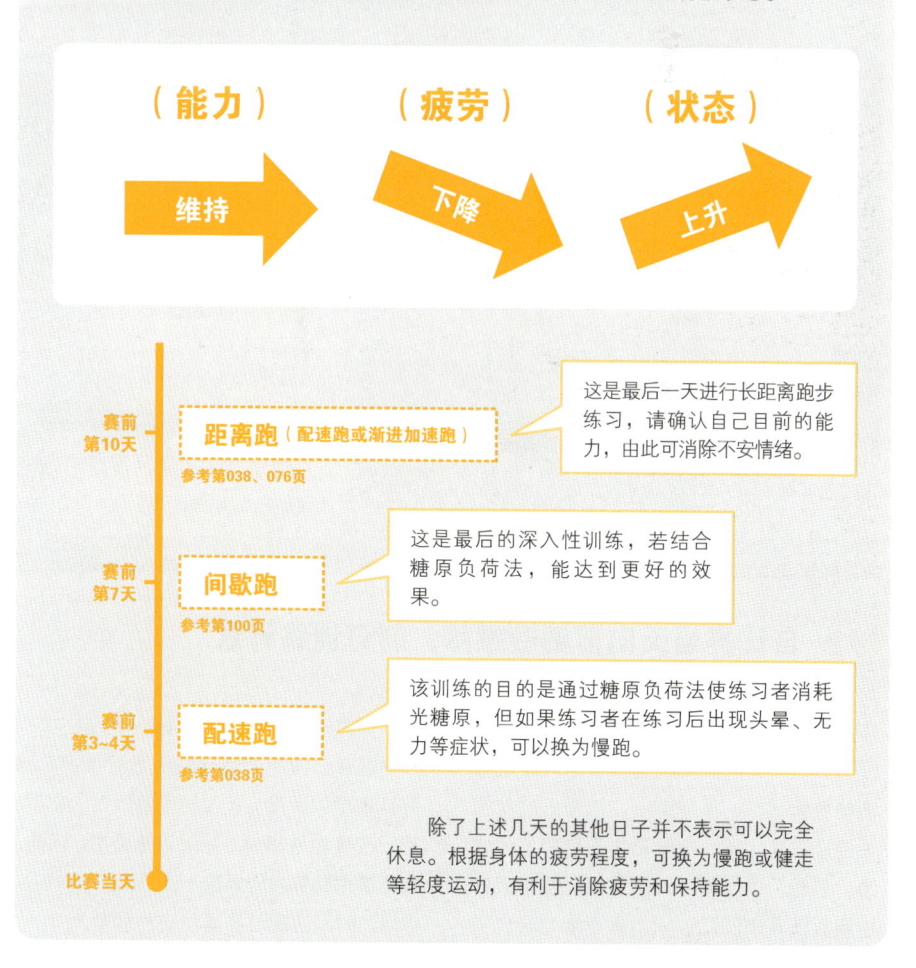

（能力）维持 → （疲劳）下降 → （状态）上升

赛前第10天　距离跑（配速跑或渐进加速跑）
参考第038、076页
这是最后一天进行长距离跑步练习，请确认自己目前的能力，由此可消除不安情绪。

赛前第7天　间歇跑
参考第100页
这是最后的深入性训练，若结合糖原负荷法，能达到更好的效果。

赛前第3~4天　配速跑
参考第038页
该训练的目的是通过糖原负荷法使练习者消耗光糖原，但如果练习者在练习后出现头晕、无力等症状，可以换为慢跑。

比赛当天
除了上述几天的其他日子并不表示可以完全休息。根据身体的疲劳程度，可换为慢跑或健走等轻度运动，有利于消除疲劳和保持能力。

练习前/调整期的目标

备战比赛，减轻疲劳，提升身体状态

备战比赛要重视身体状态的调整。
与实践期相比，训练量要下降70%左右，
练习者需要高效地保持能力、提升状态。

调整期的目标
- 保持能力
- 提升状态

在调整期获得的能力
消除对比赛的不安感

▶▶▶ 自比赛当天向前倒数推算，制订训练计划

调整期大约有10~14天。考虑到给身体带来的负担，该阶段多半不会进行大强度的训练。比起提高能力，该阶段更注重调整身体状态、振奋身心，以最好的状态去迎接正式比赛，这样更容易取得好的成绩。因此，调整期的计划要从比赛当天开始倒数推算来制订计划，需要练习者忠实地执行。

但是，需要注意，练习者不可减少练习日的数量。增加无运动的天数会使身体疲劳更加难以消除。通过轻度的运动，练习者可以改善血液循环，有效消除疲劳。因此，应尽量保持练习的天数不变，通过减少每次练习的时间实现对身体状态的调整。

☑ **项目清单**　确认调整期跑步训练的要点

☐ **健走**（第034页）
以良好姿势步行的训练

☐ **慢跑**（第036页）
慢速跑步训练

实例　每周2~3次，每次10~50分钟

要点　主要目的是调整身体状态。通过活动身体改善血液循环，促进疲劳消除。

☐ **短距离冲刺跑**（第040页）
使出80%的力量愉快地进行跑步训练

实例　每周2~3次，每次3组左右

要点　该训练的目的是调整身体状态、振作精神，心情愉快地跑起来，为身体加入刺激因素。

☐ **间歇跑**（第100页）
快跑和慢跑交替进行的训练

实例　赛前第7天，1千米×（3~7次）

要点　每快跑1千米，配合慢跑200米左右，循环往复。该训练的目的是消除体内剩余的糖原以便使用糖原负荷法。

【目标为完赛】30分钟慢跑+冲刺跑3次
　　　　　　※不必练习间歇跑
【初学者】　　每千米5分50秒~6分00秒（3次）
【跑进4小时】每千米5分00秒（5次）
【跑进3小时】每千米3分45秒（7次）

☐ **配速跑**（第038页）
以固定速度进行固定距离的跑步训练

实例　赛前第10天，跑10~15千米

要点　在赛前第10天进行该训练以确认自己的能力；在赛前第3~4天再次进行，作为最终调整。无论哪一种，其目的都不是提高能力，所以不必全力奔跑。

【目标为完赛】不设定速度（跑完全程即可）
【初学者】　　每千米6分20秒~6分40秒
【跑进4小时】每千米5分30秒~5分50秒
【跑进3小时】每千米4分10秒~4分20秒

实例　赛前第3~4天，跑5千米

【目标为完赛】每千米7分30秒左右
【初学者】　　每千米6分30秒左右
【跑进4小时】每千米5分30秒左右
【跑进3小时】每千米4分00秒~4分10秒

☐ **渐进加速跑**（第076页）
分阶段的加速训练

实例　赛前第10天，跑5~8千米

要点　当感觉比较疲劳时，赛前第10天的配速跑也可改为渐进加速跑，目的一样是确认能力。

【目标为完赛】每千米7分30秒→
　　　　　　 7分00秒（3千米）
【初学者】　　每千米6分30秒→6分20秒
【跑进4小时】每千米5分30秒→5分20秒
【跑进3小时】每千米4分00秒→3分50秒

水平等级测评　→完成以下内容后可参加比赛！

- 目标为完赛
- 初学者
- 跑进4小时
- 跑进3小时

通过10~14天的调整，把身心调整到最佳状态以迎接比赛！

饮食、营养的基础知识③

积蓄能量，
迎向正式比赛

赛前的调整不仅仅只有训练。
练习者在饮食方面也需要进行调整，才能在比赛中取得好成绩。

▶▶▶ 从赛前第3天开始大量摄取碳水化合物

调整期不仅是最后的训练阶段，也是最后的饮食调整阶段，该阶段的重点是"如何在比赛日前让选手在体内积蓄足够多的糖原"。糖原是身体能量的来源，它在体内的贮藏量越大，人越能长时间地进行运动。

在调整期积蓄糖原，有一种叫做"糖原负荷法"的饮食方法非常有效，这就是通过一次性地消耗光糖原，使身体比平时贮存更多的糖原。但是，完全做好饮食管理是非常困难的，因此练习者可以省去消耗糖原的步骤，而是通过大量吃米饭和意大利面等高碳水化合物的食物进行实践。只要体内贮存了足够多的糖原，就可以获得足够多跑马拉松所需的能量。

跑者自测 **了解糖原负荷法**

糖原负荷法是指暂时停止摄入碳水化合物，
消耗尽体内贮存的糖原，从而提高身体对糖原的吸收能力的方法。
这是一种非常有效的赛前饮食方法，请练习者务必实践。

前半段 ①赛前第7天~赛前第3天：饮食以肉和蔬菜为中心，不摄入碳水化合物

为了消耗尽体内的糖原，此时不摄入碳水化合物，而只通过肉和蔬菜摄入营养。与之相应，要进行高强度的训练，以消耗糖原。

> 有的业余练习者会出现浑身无力、头晕的症状，需要注意不要练习过度。

后半段 ②赛前第3天~赛前第1天：切换为以碳水化合物为主的饮食方法

在赛前第3天，切换为以碳水化合物为主的饮食方法。此时糖原已经彻底消耗完，身体对于糖原的吸收能力有所增强，因此能在体内贮存超过平时数量的糖原。

> 此时，练习的强度为能使身体放松即可，不要消耗糖原。

比赛当天

用力

注意！ **比赛前一天也要大量摄入碳水化合物**

比赛前一天，尤其要注意饮食平衡，充分摄入碳水化合物。另外，为了避免食物中毒，尽量不要吃生鲜食品。油炸食品（如干炸料理和猪排等）和脂肪较多的牛排等容易造成消化不良，也应该尽量避免。当然，比赛前一天最好不要喝酒。

训练计划的制订方法

训练计划 目标为完赛模式（调整期）

目标 目标为完赛模式的训练计划训练量本来就不多，调整期的训练量也没有大的变化，可以认为是调整性训练，在赛前调整身体状态。

	周一	周二	周三
第1周	休养	●慢跑30分钟 ●短距离冲刺跑3次	休养
第2周	休养	●慢跑30分钟 ●短距离冲刺跑3次	●慢跑2千米 ●配速跑4千米 设定速度： 每千米7分30秒

● 如身体较为疲劳，使用如下训练计划

	周一	周二	周三
第1周	休养	●慢跑30分钟	休养
第2周	休养	●慢跑30分钟	休养

☐ 过渡性练习　　■ 重点练习

▶▶▶ 注意不要损耗体力，逐渐消除疲劳

从准备期到实践期，目标为完赛模式的训练量都不大，因此在调整期也不用突然减少训练量。但是，无论对于哪个级别的练习者来说，都必须进行调整，以最佳状态迎接比赛。所以，练习者需要保持能力并消除疲劳，好好进行调整。

具体来说，继续每周3~4次的训练，但需要减少每次训练的时间，注意不要损耗已经培养起来的体力。另外，如果目标是完赛，则不必进行正式的糖原负荷法（第132页）训练。比赛前第3天可以大量摄入碳水化合物，在体内贮存大量的糖原即可。

> **调整 1　调节训练量，注意不要增加体重**
>
> 练习量一旦减少，体重就有可能增加。练习者必须考虑运动量和饮食量的平衡，以健走等方式弥补运动量的不足，通过活动来消除疲劳。

> **调整 2　不要拘泥于练习项目和时间**
>
> 该阶段是调整身体状态的阶段，因此不必拘泥于练习项目和时间。最后一周的周三，可将渐进加速跑换为配速跑，调整好身体状态才是最重要的。

周四	周五	周六	周日
● 渐进加速跑40分钟 （最后10分钟加速）	休养	● 慢跑30分钟 ● 短距离冲刺跑3次	● 慢跑40~50分钟
休养	● 慢跑30分钟	休养	比赛当天

周四	周五	周六	周日
● 渐进加速跑40分钟 （最后10分钟加速）	休养	● 慢跑30分钟 ● 短距离冲刺跑3次	休养
● 慢跑30分钟 ● 短距离冲刺跑3次	休养	● 健走15~30分钟	比赛当天

10~14天的调整结束后 ➡ 进入比赛日

> **注意！相信此前的训练效果，集中注意力调整身体状态**
>
> 已经到了调整期，慌张也没有用处。急于训练也只会导致疲劳，适得其反，因此练习者需要集中注意力到赛前的状态调整上来，以消除腿部疲劳为优先，适当进行训练。
>
> 另外，在赛前第3天开始多摄入碳水化合物（米饭、意大利面等），以做好积累能量的调整工作。跑完马拉松全程就在眼前！

训练计划的制订方法

训练计划 初学者模式（调整期）

目标 我们已经到了比赛前最后的调整时期，此时，即便是尚未完全掌握训练计划的内容，在比赛前的第 10~14 天，也必须集中精力调整身体状态。

	周一	周二	周三
第1周	休养	● 慢跑30分钟 ● 短距离冲刺跑3次	休养
第2周	休养	● 慢跑30分钟 ● 短距离冲刺跑3次	● 慢跑2千米 ● 配速跑5千米 设定速度：每千米6分30秒

● 如身体较为疲劳，使用如下训练计划

	周一	周二	周三
第1周	休养	● 慢跑30分钟 ● 短距离冲刺跑3次	休养
第2周	休养	● 慢跑30分钟 ● 短距离冲刺跑3次	休养

过渡性练习　　重点练习

▶▶▶ 通过轻量训练，调整赛前状态

初学者级别的练习者，也需要在赛前的第10~14天进入调整期，努力调整身体状态。

具体来说，每周4次，通过轻量训练保持体力，并消除疲劳。调整期的训练并不是为了提高水平，而是为了防止体力下降，请一定不要进行深入训练。通过以慢跑为主的轻量训练，不会累积疲劳，能使练习者以最佳状态迎来比赛日。

对糖原负荷法（第132页）感兴趣的练习者，可以进行尝试，但不必勉强进行。比赛前第3天开始，练习者要大量摄入碳水化合物，以便在体内贮存大量的糖原。

调整 1　不时地完全休息，振奋精神

最后一周的练习中，除去周三的重点练习，其他项目不必勉强进行。如果感到疲劳，可以调整为完全休息。重要的是在比赛当天保持最佳状态。

调整 2　比赛当天早上可稍稍走动，放松身体

比赛当天，练习者要调整身体状态，放松身体，避免过分紧张。可以在早上采用不会造成疲惫的健走练习，在放松身体的同时，也能放松心情，有利于跑出好成绩。

周四	周五	周六	周日
●慢跑2千米 ●渐进加速跑6~8千米 设定速度： 每千米6分30秒→6分20秒	休养	●慢跑30分钟 ●短距离冲刺跑3次	●间歇跑1千米×3次 设定速度： 每千米6分00秒
休养	●慢跑20分钟 ●短距离冲刺跑3次	●健走30分钟	比赛当天

周四	周五	周六	周日
●慢跑2千米 ●渐进加速跑5千米 设定速度： 每千米7分00秒→6分45秒	休养	●慢跑60分钟	休养
●慢跑2千米 ●配速跑4千米 设定速度： 每千米7分00秒	休养	休养	比赛当天

10~14天的调整结束后　进入比赛日 ➡

注意！　为了达成目标，可以采用糖原负荷法

进行马拉松运动的能量来源是糖原，糖原可以从碳水化合物中获取，因此，可以采用糖原负荷法（第132页），在体内贮存更多的能量。

具体来说，从赛前一周的晚上开始，练习者的饮食要以肉、鱼、蔬菜为主，到了比赛前第3天则要大量摄取米饭、意大利面、乌冬面等富含碳水化合物的食物。能否实现目标，有时饮食也有可能成为决定性因素。您可以试着用此方法挑战看看。

训练计划

跑进4小时模式（调整期）

目标 调整期的目的是调整身体状态，因此很少有强度较高的训练。练习者应以适度运动维持身体状态，用心关注饮食和睡眠，以最佳状态迎接正式比赛。

	周一	周二	周三
第1周	休养	●慢跑30分钟 ●短距离冲刺跑3次	●慢跑30分钟
第2周	休养	●慢跑30分钟 ●短距离冲刺跑3次	●慢跑2千米 ●配速跑5千米 设定速度：每千米5分30秒

● 如身体较为疲劳，使用如下训练计划

	周一	周二	周三
第1周	休养	●慢跑30分钟 ●短距离冲刺跑3次	●慢跑60分钟
第2周	休养	●慢跑30分钟 ●短距离冲刺跑3次	休养

☐ 过渡性练习　■ 重点练习

▶▶▶ 若调整期太焦虑，则无法产生好结果

无论何种级别的练习者，调整期的时间都应该设在2周左右。到了这个阶段，比起提高能力，更应该优先调整身体状态，以便在比赛当天能处于最佳状态。这对于从目标为完赛到目标是跑进3小时的练习者来说都是通用的。然而，目标越高，练习者就越容易产生焦虑心理，担心无法顺利完成训练。那些顺利练到实践期的练习者自然不必担心，但是那些尚未完成练习内容的人往往直到比赛前还在练习。如此一来，正式比赛时如果练习者仍无法消除疲劳状态，也就难以取得好成绩。调整期说到底就是调整状态的阶段，请练习者务必注意不可过度训练，而是以提升状态为第一要务。

调整 1	视体力情况调整冲刺跑练习	调整 2	明确练习目的，适当加入刺激
\	比赛前一天，训练的主要目的是调整身体状况，不必进行冲刺跑练习。但是，感到疲劳没有消除的练习者，也可以稍做该项练习，让身体放松。	\	第1周周三的配速跑练习，不必严格按照设定速度，只需达到唤醒心肺功能和刺激肌肉的目的即可，练习者不必使出全力。另外，第1周周日的间歇跑，强度应以跑完后尚有余力为宜。

周四	周五	周六	周日
●慢跑2千米 ●配速跑8千米 设定速度： 每千米5分30秒→5分50秒	休养	●慢跑30分钟 ●短距离冲刺跑3次	●慢跑2千米 ●间歇跑1千米×5次 ※恢复=200米 设定速度： 每千米5分00秒
●健走30分钟	休养	●慢跑30分钟 ●短距离冲刺跑3次	比赛当天

周四	周五	周六	周日
休养	休养	●慢跑30分钟 ●短距离冲刺跑3次	●慢跑2千米 ●间歇跑1千米×3次 ※恢复=400米 设定速度： 每千米5分15秒
●慢跑2千米 ●配速跑4千米 设定速度： 每千米5分30秒	●慢跑30分钟	休养	比赛当天

10~14天的调整结束后 **进入比赛日** →

注意！ 比赛当天的准备工作非常重要

就算状态调整得非常顺利，练习者到最后也不可疏忽大意。比赛当天，尤其是早上的准备工作非常重要。

具体来说，练习者应在比赛前4~5个小时起床，通过散步确认身体状态。早餐应吃些易消化的食物。前往比赛场所需要一定的时间，请参考第155页，提早做好赛前准备工作。另外，要注意热身活动不要过度，因为比赛开始前没有必要消耗体力。

跑进3小时模式（调整期）

目标　此前的训练均是以在比赛中取得好成绩为终极目标。在调整期，要尽量避免做剧烈的训练活动，在训练、饮食、睡眠等各个方面下足工夫，提升状态。

	周一	周二	周三
第1周	休养	● 慢跑50分钟 ● 短距离冲刺跑3次	● 间歇跑8千米+1千米 ※恢复=400米 设定速度： 每千米3分50秒~4分00秒
第2周	休养	● 慢跑30分钟 ● 短距离冲刺跑3次	● 配速跑5千米 设定速度： 每千米4分00秒~4分10秒

● 如身体较为疲劳，使用如下训练计划

	周一	周二	周三
第1周	休养	● 慢跑40分钟 ● 短距离冲刺跑3次	● 间歇跑1千米×5次 ※恢复=400米 设定速度： 每千米4分15秒~4分00秒
第2周	休养	● 慢跑30分钟 ● 短距离冲刺跑3次	● 配速跑5千米 设定速度： 每千米4分15秒 ● 短距离冲刺跑3次

☐ 过渡性练习　　☐ 重点练习

▶▶▶ 以最佳状态走上起跑线

对于目标是跑进3小时的练习者来说，调整期最重要的就是调整身体状态。有些人或许会因为练习量减少而感到不安，但一定要注意的是，提高能力的训练都在实践期之前，在本阶段一定不要大量进行练习。

另外，采用糖原负荷法（第132页）进行训练时，为了完全消耗光糖原，可在比赛前第4天进行最后一次高强度练习。这次练习的目的也并非提高能力，所以如果因能量不足导致头晕，请立刻停止训练。为了实现跑进3小时这个大目标，练习者要认真管理和掌握自己的身体状况，以最好的状态站上起跑线。

调整 1	前半程放慢速度进入状态，后半程加速
	第1周周三的间歇跑训练，为了减少受伤等风险，开始时应保留余力，后半程再加速。中途如果加速过快造成疲劳，则不必练满7次，只需练5次左右即可停止。

调整 2	成绩不好也不用在意
	最后一周周三的练习旨在消耗光体内的糖原。能量不足会导致练习成绩不理想，很多练习者会有不安情绪，其实对此完全不必太在意。从周四开始继续摄取碳水化合物，练习者应该可以感到精神饱满了。

周四	周五	周六	周日
●慢跑30分钟	休养	●慢跑30~40分钟 ●短距离冲刺跑3次	●配速跑7千米 设定速度： 每千米3分40秒~3分50秒
●慢跑40分钟	休养	●慢跑30分钟 或 ●健走30~50分钟	比赛当天

周四	周五	周六	周日
●慢跑30分钟	休养	●慢跑30分钟 ●短距离冲刺跑3次	●配速跑15千米 设定速度： 每千米4分30秒
休养	●慢跑30分钟	休养	比赛当天

10~14天的调整结束后　进入比赛日 ➡

注意！ 比赛结果如何取决于赛前调整

为了在比赛中跑出最好成绩所做的一切统称为赛前调整，具体来说有通过饮食积蓄能量、减少熬夜和加班、确保睡眠时间等。

另外，采用糖原负荷法训练，需要有一些技巧。例如，比赛前一周开始进行糖原负荷法练习，消耗能量，至比赛前第4天时进行重点练习，消耗掉剩余的碳水化合物，使身体处于饥饿状态。通过这些措施，能飞跃性地提高身体对糖原的吸收能力。

Column About the Marathon

我们采访了一些业余的马拉松练习者,让我们来听听他们的声音。结合川越教练的评论,可以为您的练习提供参考。

▶▶▶ **跑者感言③**

为了确保训练时间,
我应该做些什么?

- 跑步上班或是回家,以代替练习。
- 跑步前往运动场,代替热身。
- 提高工作效率,不要随意加班。
- 注意早睡早起以进行晨跑。
- 平时有工作时,必须至少有一天要早些回家。

> **川越评论**
>
> **跑**步上下班可以替代训练,有效利用时间,是很好的方法。养成早睡早起的生活习惯,并提高工作效率,能对跑步起到积极的促进作用。平时有工作的练习者可以作为参考。

▶▶▶ **跑者感言④**

练习马拉松,会给工作
和生活带来什么变化?

- 无形中能学会积极思考问题。
- 热爱体育的人说话热情洋溢。
- 无论工作还是生活,各种方面的效率都会提高,告别拖沓。
- 咖啡因妨碍身体对铁质的吸收,因此要减少咖啡因的摄入。
- 跑步有助于转换心情。
- 公司做体检时,结果会比过去好很多。
- 参加比赛时会产生紧张情绪,但也能享受过程。
- 能结交到不同年龄段的很多朋友。

> **川越评论**
>
> **积**极乐观、身体健康、扩展人际关系、提升工作效率、使生活变得张弛有度,这些都是坚持马拉松训练所能带来的好处。另外,练习者需要注意正确对待咖啡因,咖啡因中含有一种叫单宁的成分,会妨碍铁的吸收,因此在补充铁元素时应该控制咖啡因的摄入。

The Basis & Practice Menu of Marathon

第6章

发挥出最佳水平

比赛的策略与方法

要以最快速度跑完42.195千米的距离，最好的方法是保持住固定速度。另外，事先掌握天气状况和遇到问题的应对方法，一旦遇到突发状况便可以沉着应对。掌握了这些知识，并将其运用到比赛中去，实现目标指日可待！

比赛策略

如何在目标时间内
跑完42.195千米

练习者在练习中逐渐培养出来的各种能力，
都是为了在比赛中能达到目标时间。
为了达到预期效果，练习者应进行充分的赛前准备，并制订比赛计划。

▶▶▶ **充分发挥练习中积累的经验**

  比赛当天是集长期练习于大成之日。从准备期到调整期，训练至此，想必练习者会感到既兴奋又紧张。不过，如果对比赛没有做足心理准备，也可能无法充分发挥此前积累的能力，整个人无法完全进入状态，从而导致比赛失败。

  因此，本章将从比赛前的心理准备、具体事务准备事项、制订赛程规划和危机处理方法等几方面，针对比赛相关要点进行解说。

  总之，在比赛当天，最重要的是不要慌张，要相信自己的实力，坚持跑完全程。而正确理解接下来讲述的要点，也是练习者充分发挥实力、达到预期目标的捷径。

| 跑者自测 | **拿下比赛的三个关键**

① 赛前充分准备

正所谓"有备无患",最重要的一点是调整好状态,并且要根据天气、气温等气候条件选择合适的服装。另外,提前看场地也很有必要。

② 设定比赛速度

根据自己的能力设定合理的比赛速度,这也是赛程规划的核心,但实际比赛中出现问题时,不必过分拘泥于赛程规划,可灵活应变。

③ 保持心情愉快,享受比赛

达成目标的过程中,学会享受奔跑也很重要。身边变换的风景也好,那份不同寻常的紧张感也好,总之要学会发掘出自己独有的乐趣。

| 注意! | **参加适合自己的比赛**

全国各地会召开各种比赛,可以在网上事先调查好。有很多比赛是上午开始的,因此,如果想当天返回,就要选择离自己住址比较近的比赛。另外,有的比赛会限制时间,还是建议目标为完赛者和初学者参加一些时间限制比较宽松的比赛。

▶▶▶ 事先体验场地，感受比赛状况

为了在比赛当天发挥出自己的最高水平，关键是要提前了解比赛跑道。能实际试跑当然最好，如果没有时间，开车兜一圈，提前感受一下关键地点也对比赛很有帮助。

提前看场地时，需要注意以下四点：跑道整体走势、有无坡路、供水站和卫生间的位置、路面状况，掌握这些，会使练习者在精神上比较放松，也有助于规划实际赛程。第一次参加比赛的练习者，可能会因为不了解跑道整体情况而感到不安，从而导致注意力无法集中，因此，提前体验比赛场地十分有必要。

你知道吗？ 看场地时需要注意的地方

跑道整体走势

练习者应提前感受一下在什么样的地方进行比赛，并通过建筑物定位，感知10千米、20千米、30千米的距离，这在判断速度时十分有用。当发现景色优美的地方，也会使人在正式比赛时有所期待。

有无坡路

除了了解有无上坡、下坡，还要判断其坡度。坡度过大会影响速度，因此要提前把握好。尤其是在比赛后半程，如果事先不知道有上坡路的话，练习者很容易感到有精神压力。

供水站和卫生间的位置

练习者必须要提前确定供水站的位置。一般每隔5千米会设有一个供水站，错过一次会对选手十分不利。另外，在比赛中，常有人腹泻，因此也应提前确定卫生间的位置。这些信息都会在大赛官网主页上公布。

路面状况

全程马拉松比赛基本上都是柏油路面，不过还是应当提前确认路面状况。如果路面凹凸不平，则应选择鞋底较厚的跑鞋，跑步时尽量绕开坑洼，避免不必要的体力消耗。

▶▶▶ 依据个人能力而非既定目标设定速度

依据既定目标时间进行练习，设定全程的跑步速度，这自然没什么不妥。不过，作为初学者，目前的水平不一定和既定目标时间保持一致。因此，建议第一次参加比赛的练习者和经验尚浅的练习者不要依据既定目标设定速度，而应依据个人能力推算。

假设目标为30千米配速跑，想跑进4小时，但用每千米5分40秒的速度有些吃力时，可以不必勉强，将速度调整至每千米6分00秒~6分20秒。后半程时间上仍有富余时，可以加速，向跑进4小时努力。

30千米配速跑
= 每千米5分40秒（跑进4小时的速度）

↙ ↘

轻松 — 跑进4小时
如果能用每千米5分40秒的速度轻松完成30千米配速跑，就能够实现跑进4小时的愿望。

吃力 — 跑进3小时
如果用每千米5分40秒的速度完成30千米配速跑感觉吃力，那就应当放慢速度。

跑者自测 分段时间和分段计时

每段距离区间（通常5千米为一区间）花费的时间叫做分段时间，而累计时间则是分段计时。理想状态是用同一速度从起点跑到终点。练习者可对照下表，通过所用时间判断速度是否得当。

1千米	5千米	10千米	15千米	20千米	25千米	30千米	35千米	40千米	全程
0:03:40	0:18:20	0:36:40	0:55:00	1:13:20	1:31:40	1:50:00	2:08:20	2:26:40	2:34:43
0:04:00	0:20:00	0:40:00	1:00:00	1:20:00	1:40:00	2:00:00	2:20:00	2:40:00	2:48:47
0:04:30	0:22:30	0:45:00	1:07:30	1:30:00	1:52:30	2:15:00	2:37:30	3:00:00	3:09:53
0:05:00	0:25:00	0:50:00	1:15:00	1:40:00	2:05:00	2:30:00	2:55:00	3:20:00	3:30:59
0:05:20	0:26:40	0:53:20	1:20:00	1:46:40	2:13:20	2:40:00	3:06:40	3:33:20	3:45:03
0:05:40	0:28:20	0:56:40	1:25:00	1:53:20	2:21:40	2:50:00	3:18:20	3:46:40	3:59:07
0:06:00	0:30:00	1:00:00	1:30:00	2:00:00	2:30:00	3:00:00	3:30:00	4:00:00	4:13:11
0:06:20	0:31:40	1:03:20	1:35:00	2:06:40	2:38:20	3:10:00	3:41:40	4:13:20	4:27:15
0:06:40	0:33:20	1:06:40	1:40:00	2:13:20	2:46:40	3:20:00	3:53:20	4:26:40	4:41:19
0:07:00	0:35:00	1:10:00	1:45:00	2:20:00	2:55:00	3:30:00	4:05:00	4:40:00	4:55:23
0:07:30	0:37:30	1:15:00	1:52:30	2:30:00	3:07:30	3:45:00	4:22:30	5:00:00	5:16:29
0:08:00	0:40:00	1:20:00	2:00:00	2:40:00	3:20:00	4:00:00	4:40:00	5:20:00	5:37:35
0:08:30	0:42:30	1:25:00	2:07:30	2:50:00	3:32:30	4:15:00	4:57:30	5:40:00	5:58:41
0:09:00	0:45:00	1:30:00	2:15:00	3:00:00	3:45:00	4:30:00	5:15:00	6:00:00	6:19:47

比赛策略/比赛的前半程和后半程

▶▶▶ 根据分段时间和剩余体力灵活应对

在比赛中，最为理想的是从头至尾保持同一速度。因此，请参考第147页的表格，根据个人能力合理安排速度。

不过，在实际比赛中，由于当天状态的不同，练习者有时会觉得"非常轻松"，也有时会觉得"有些吃力"。以10千米为目标，根据当天状态灵活调整速度也很重要。

如果还有余力，可以适当加快速度；如果感到吃力，则可以适当放慢速度。不过，调整速度通常要循序渐进（比如1千米调整10秒）。有时可能实际速度会低于目标速度，此时如果突然加速猛赶，会感到异常疲劳，这是万万要不得的。

前半程 一边检查身体状态，一边有意识地悠闲慢跑

前半程要一边确定自己的状态，一边以较慢的悠闲跑速进入比赛。状态不错的话，可以在后半程提速。

比目标速度慢，尚有余力

可以适当提速，但不要过于突然，避免给身体带来较大负担。1千米范围内加速10秒左右即可。

比目标速度快，尚有余力

可以继续加速，不过过早加速有时会比较危险。如果已经跑过了10千米，状态基本没有变化，那么可以提高目标速度，努力缩短目标时间。

起跑点 —— 10千米 —— 20千米

比目标速度慢，已没有余力

不要急于加速，可以适当降低目标速度。有很多人后半程状态会更佳，因此此时不必勉强自己。

比目标速度快，已没有余力

因为冲得太快，所以导致已经没有多余体力。后半程可能会出现速度下降的情况，因此应当以1千米调整10秒的节奏，一点点放慢速度。

后半程 如果因疲惫导致速度下降，不要焦虑，要坚持到最后

虽然理想状态是全程保持匀速，但在后半程因为疲惫通常速度会下降。练习者应提前做好心理准备，鼓足劲跑完全程。

比目标速度慢，尚有余力

如果还没跑到30千米则应该加速，争取在目标时间内跑完全程。不过，此时应该已经十分疲惫，突然加速是很危险的。

比目标速度快，尚有余力

如果已经跑过了35千米，那就继续加速前进。请使出最后的力量冲刺，努力刷新纪录。

20千米　　　　　30千米　　　　　　　　终点

比目标速度慢，已没有余力

如果感觉吃力，根据剩余距离可以适当降低速度。过了35千米后不要减速，坚持跑到终点。

比目标速度快，已没有余力

练习者之前的速度可能已经超出了正常能力范围，因此可以适当减速。如果已经跑过了35千米，那么应坚持跑到终点，但一定要量力而行。

注意！ 人们常说35千米是个坎，是什么意思呢？

一般在马拉松比赛中，35千米是个坎。因为跑了很久，疲劳累积，很容易在这时突然减速。不过我倒认为不用特别注意35千米这个点。如果能保持匀速前进，是不会突然速度下降的。与其说35千米是个坎，倒不如说，都跑到35千米了，应该自我鼓励道："使出最后力气冲刺吧！"因此，应该把35千米处当做一个普通节点，不要过分在意。

比赛策略/水分补给、应对突发情况

▶▶▶ 在供水站充分补充水分，预防中暑或脱水

比赛时，要特别注意防止中暑或脱水，其中最有效的办法就是补充水分。感觉口渴的时候，其实已经开始有脱水症状了。尤其是前半程，即使不觉得口渴，也一定要有意识地在供水站补充水分。

在临近供水站时应稍微放慢速度，保证充分补水。如果选手是以跑完全程为目标，则可以中途停下来，安心补充水分。

给身体浇水

炎热的夏日自不必说，春秋季节，有时跑步也会感到很热，这时往身上浇水非常奏效。浇水可以使发热的肌肉降温，消除疲劳，振奋精神，练习者不妨试试。

你知道吗？ 通过特殊饮品充分补给

用水冲泡粉状运动饮料，可根据自身喜好调节浓度。可根据疲劳程度适当补充水分。

前半程 可饮用水或比较淡的特调饮品

后半程 可饮用运动饮料或比较浓的特调饮品

起跑点 ———————— 20千米 ———————— 终点

注意！ 初学者跑步时可以带上水瓶或是糖块

目标为完赛和初学者级别的练习者，在跑步时最好带上一瓶水，这样可以随时补充水分，降低中暑或脱水的危险。另外，还可带上一些糖块或巧克力，以补充能量。

跑者自测 **如果身体不舒服怎么办？**

比赛途中，常会有一些突发事件发生。比赛与平时训练的环境不同，所以这种情况时有发生，我们应该提前学会应对方法。

①肚子疼

肚子疼的时候，用手按住患处可以减轻疼痛。如果疼得难以忍受，就走一走，或是停下来深呼吸，向后仰伸展腹肌，都很有效。

②痉挛

轻轻拉伸痉挛部位，或是用手轻揉，都可以缓解疼痛。天气寒冷的时候，小腿肚子和大腿很容易发生痉挛，所以应事先做好热身运动。

③水泡

难以忍受疼痛时，可以贴上创可贴。当然，最重要的还是预防。脚指根和脚大拇指附近容易磨出水泡，可以事先涂抹一些凡士林。

▶▶▶ 了解各种天气状况的应对方法

比赛当天的天气状况未必适合跑步。许多时候，天气会格外炎热或是极其寒冷，这对选手来说可能并不理想。因此，为了在各种天气状况下都能发挥实力，我们需要学习应对各种天气状况的方法。

在炎热天气下，应对的关键是注意补充水分，并选择能排汗的衣物。如果因出汗使服装变重，可能会加重选手的负担。另外，还有必要使用帽子和太阳镜等装备，避免阳光直射。

在寒冷天气下，为了保持体温，应穿着长袖衣物，并佩戴手套。体温下降时，不但更加消耗体力，也容易引发受伤。

炎热天气 穿着透气性良好的衣物以提高舒适度

最适合跑步的气温是10℃~15℃。但有时比赛会在30℃以上的高温环境下进行。因此，在炎热天气下，应穿着透气性较好或是具有速干功能的衣物。为了减少衣物吸收阳光的热量，颜色尽量选择白色。另外，日照强烈时可以使用运动帽或太阳镜，避免面部和眼部直接受到日照刺激。当然，认真补充水分，防止中暑和脱水，也是十分重要的。

选择衣物的要点
① 穿着透气性良好的衣物
② 穿着能排汗的衣物
③ 穿着吸热能力差的白色衣物
④ 佩戴运动帽
⑤ 佩戴太阳镜

注意！根据自己的特点和身体状况调整比赛策略

再优秀的选手也无法与天气相抗衡，因此，必须相应地采取各种措施，如炎热天气下应慢速起跑、大风天气下则应进入跑步队伍的人流中避风等。然而，有的选手在炎热天气下反而状态较好。练习者应在训练中了解自己的特点，才有可能在实际比赛中发挥出优势。

寒冷天气　为保持体温，应穿着长袖衣物并佩戴手套

低温天气下，如果突然加速，会加大受伤风险，而且这种天气下身体也不容易热起来，会难以加速，因此应该选择长袖衣物，防止体温下降。佩戴手套也是一种很有效的方法。另外，赛前的热身活动应加大强度，使身体快速升温。

选择衣物的要点
① 穿着长袖衣物
② 佩戴手套
③ 穿着紧身衣裤等贴身衣物

雨天　体温下降容易消耗体力

长时间在雨中跑步，身体热量容易散失，体力消耗较大。因此，在赛前应采取一些防水措施，如在腿部和臂部涂抹凡士林。另外，如果雨水进入眼睛会分散选手的注意力，因此选手应该佩戴带檐的帽子用来挡雨。

大风天气　在队伍的人流中避风

大风天气下，尤其是逆风跑步时，需要使出更多的力量，容易造成较大的体力损耗。因此，应该尽量选择跑在队伍的内部，避免直接受到强风吹袭，将体力损耗降到最低。

比赛当天的对策

掌握比赛当日流程，做好万全准备

比赛当天，谁都会感到紧张。
初次参加比赛更容易被各种各样的事情所影响。
提前计划好当天的流程，能帮助选手以平常心迎接比赛。

比赛前和比赛当天的注意事项
① 紧张并不是坏事，在比赛前一天和比赛当天，选手应该有适度的紧张感。
② 不要将计划安排得过紧，争取每项事务都留有余地。
③ 衣物等行李应在前一天就准备好。如果到了当天才准备，慌乱中容易遗漏行李。

▶▶▶ **检查从早上开始的行程**

临近比赛，谁都会感到紧张。保持适度的紧张往往能取得好成绩，不要认为紧张就是不好的。

于初次参加比赛的人来说，可能并赛当天的行动流程。如果对比赛按照自己的做法，但刚开始可参考本书第155页的时间计划。虽然不必完全按照该计划行事，但该计划作为基本流程还是很有参考价值的。

最重要的是不要安排得过紧。选手应逐个确认必须要做的事情并进行准备，且留出机动时间。尤其是睡眠时间、到达比赛场地的时间要留有余地，这样才能心态平和地参加比赛。

跑者自测 **把握比赛当天的时间计划**

大致掌握了具体流程之后,就可以心态平静地迎接比赛了。
选手要确认基本流程,作为比赛准备工作的参考。

① **睡眠**

睡眠时间应在7~8个小时,工作繁忙之时也应该确保在6个小时以上。

② **起床**

起床最迟要在比赛开始前4个小时,起床后最好能进行散步等轻量运动。

③ **早餐**

早餐应选用易消化的食物,多摄取碳水化合物,避免高油高脂食物(参考第156页)。

④ **进入比赛场地**

选手应在比赛开始前一个半小时左右到达比赛场地。考虑到可能会有堵车的情况,最好乘坐地铁等能准时到达的交通工具。到达场地后首先要整体把握场地情况,并马上确认左边这三个地方。

〈签到〉
先办理好签到手续,领取号码布。

〈确认起跑位置〉
起跑位置多按照选手的目标时间不同有不同安排,初学者一般在后方。

〈确认洗手间位置〉
比赛现场的洗手间会比较拥挤,应尽早确认其位置。普通选手在出发时一般会等很久,所以要掌握好去洗手间的时机。

⑤ **营养补给**

多吃香蕉和巧克力等高热量食物,避免吃容易消化不良的食物。

⑥ **热身活动**

热身活动要认真做,并坚持20分钟以上。为了避免出汗弄湿衣服,热身时不要穿比赛服。

⑦ **更换比赛服**

在更衣室更换比赛服,服装应根据天气和气温进行选择。

⑧ **到达出发点处**

前往事先确认好的出发点处。如果天气寒冷注意保持身体温度。

⑨ **开始**

比赛开始后,由于跑步的人群密集,注意不要摔倒,要跟着人流一起前进。

饮食

▶▶▶ "吃得惯""易消化""富含碳水化合物"

比赛当天的饮食，应在比赛开始3小时前完成。如果是上午比赛，早餐就是最后一顿；下午比赛的话，午餐就是最后一顿，其基本思路是一样的。

首先，吃自己吃得惯的食物，这非常重要。菜单要围绕经常吃的食物，但最好避免较油腻的食物。易消化的食物能有效转换为能量，成为运动时的动力来源。

另外，基于同样的原因，大量摄取碳水化合物也很重要。要跑完马拉松全程，应该摄取好这些"燃料"。

品种举例

- 碳水化合物：米饭、面食、面包、年糕等
- 维生素C：100%橙汁、柠檬等

热身活动

▶▶▶ 根据目标和天气进行调整

根据目标时间和身体特征的不同，热身活动的标准也因人而异。

首先，根据水平不同，大致可分为两种模式。水平较高（旨在跑进4小时、跑进3小时）的选手需要花费较长的时间热身；而目标为完赛和初学者级别的选手可以降低强度，起初的5千米慢速前进可作为热身活动的一部分。

其次，应根据当天的天气情况进行调整。炎热天气下应降低热身强度，避免过度消耗体力；寒冷天气下则应认真进行热身。

另外，在热身活动中，应确认身体状况的好坏。感到身体乏力时，可以进行2~3次冲刺跑，激活身体能量。

根据水平等级进行调节

大体分为跑进4小时、跑进3小时和目标为完赛、初学者这两类。

根据气候和身体状态进行调节

以天气炎热、天气寒冷、身体状况良好、身体状况不佳等为标准进行调节。

跑者自测 根据水平等级进行调节

①跑进4小时、跑进3小时

目标是跑进4小时或跑进3小时的练习者，从一开始就应认真进行热身，以在比赛中保持速度。从伸展活动开始到健走、慢跑、冲刺跑等项目，大约进行20~30分钟。

【伸展运动】	10分钟左右
【健走运动】	5分钟左右
【慢跑运动】	15分钟左右
【短距离冲刺跑】	100米×3次左右

②目标为完赛、初学者

目标为完赛或初学者级别的练习者，如果热身活动量过大，容易造成体力消耗过大，所以应从简进行，以伸展和健走为主，进行10~20分钟，如果有余力可以加入慢跑。

| 【伸展运动】 | 10分钟左右 |
| 【健走运动】 | 10分钟左右 |

跑者自测 根据气候和身体状态进行调节

①炎热天气

天气炎热，体温自然就会上升，可以再稍微做一些基本的练习项目。时间过长容易损耗体力，所以不妨在短时间内进行高密度的热身活动。

②寒冷天气

天气寒冷，身体自然难以变暖，建议练习者多花些时间缓慢进行。加入慢跑等项目，使身体从内到外变暖，并使心跳加快，可帮助选手从起点就进入状态。

③身体状况良好时

身体状况较好时，注意不要活动过度。应冷静下来，与平时的热身一样有序进行。

④身体状况不佳时

身体状况不佳时，尤其是感到倦怠时可以进行冲刺跑练习，给身体带来一定的刺激，这对于振奋精神非常有效。

比赛当天的对策/随身物品、便利物品

跑者自测 确认比赛当天需要携带的物品

选手应准备好赛前、赛中、赛后需要使用或是可能会用到的物品。在这里分为"必备品""根据季节和天气需要携带的物品""便利物品"三类进行介绍。

① 必备品

☐ 比赛流程
如果不了解当天的报到地点和比赛流程，可能会在赛场东奔西走不得要领，因此赛程是必须要带的。

☐ 号码布换取牌
必须携带换取号码布用的换取牌，有的比赛可能不需要。

☐ 热身用的鞋子和衣物
可以使用平时训练时穿戴的物品。根据季节不同，热身活动可能会出汗，因此最好与比赛时的衣物分开准备。

☐ 比赛用的鞋子和衣物
不要穿新鞋，而是应该选择已经穿过数次的鞋。可以穿与训练时一样的鞋子，但如果鞋底磨损过大，可能会降低跑步的舒适度。同样的，选择衣物时也要考虑比赛当天的天气情况。

☐ 曲别针
用来将号码布别在衣服上。有的号码布会自带曲别针，但为了以防万一还是带上为好。

☐ 毛巾（大号和小号）
热身后与比赛后擦汗时必不可缺。另外，也可用于摔倒时的紧急处理。

☐ 手表
为了测量分段时间和累计时间，跑步时应该佩戴手表。

② 根据季节和天气需要携带的物品

☐ 运动帽
日照强烈或下雨时用来保护面部，遮挡阳光或雨水。

☐ 防晒霜
夏季比赛时日照强烈，比赛长达几个小时，要防止晒伤就需要携带防晒霜。

☐ 太阳镜

日照强烈时用来保护眼睛。

☐ 冲锋衣

在梅雨季节等雨天或是低温天气下，有防雨功能的冲锋衣是很好的选择。

☐ 手套

能有效保持体温，寒冬时节跑步时有必要佩戴。

③ 便利物品

☐ 腰包

用来装补充营养的食物、小物品、零钱等，可以让人空出双手来跑步，十分方便。

☐ 创可贴

用来处理擦伤和水泡，可以装在腰包里。

☐ 卫生纸

使用范围很广，可以在跑步中去洗手间时使用。

☐ 补充营养的食物

选手应带上能立即转化为能量的香蕉、糖果、巧克力等食物，在比赛前或比赛中食用。

☐ 雨披

在雨天比赛时，为了避免身体变冷，应准备雨披。

☐ 冰镇喷雾

用于赛后的护理，可给肌肉降温，也可用于碰伤的紧急处理。

☐ 粉末状运动饮料

便于在赛前或比赛中补充水分。可以通过控制水量调节饮料的浓度。

☐ 数码相机

如果不太在意比赛成绩，可以携带相机拍照留念，能够增加跑步的乐趣。

注意！ 跑步时佩戴腰包

在业余比赛中，可以佩戴腰包参加比赛，包里装好补充营养的食物、创可贴、零钱（便于买饮料等）等物品，以便安心参加比赛。应注意腰包里只携带必需的物品。

比赛后的注意事项

比赛结束后要护理身体，准备下次比赛

全力跑完42.195千米后，身体会疲惫不堪。因此，应做好赛后放松和饮食调节以恢复体力，保证充足的休息，做到身心同步恢复。

赛后的注意点
① 到达终点后，不要立刻停下，应适当做一些放松活动
② 通过冷敷舒缓关节和肌肉
③ 认真调节饮食平衡
④ 休息一周时间，身心同步恢复

▶▶▶ 通过充分的护理和休息恢复体力

无论何种级别的练习者，赛后的护理方法基本是一致的。赛后不可立即坐下休息，而是应该进行一些放松活动。为了防止关节和肌肉过热引发炎症，应进行冷敷。同时，通过食用富含碳水化合物和蛋白质的食物促进身体恢复。

另外，比赛后内脏机能相对较弱，因此应注意不要一次性食用过多食物，而是应分小份食用。从第二天起一周左右保证充分休息，促进身心全面恢复。

长时期的训练后突然进入休息状态，可能有的人会不适应，但充分休息以修复疲惫的身体是很重要的。如果感到身体已经没有不适感，可以开始为下次比赛作准备。

跑者自测 完成比赛后到下次比赛前

为了修复跑完马拉松全程造成的损伤，完成比赛后的行动非常重要。练习者应该了解直到下次比赛前的注意事项。

① 到达终点

② 放松活动

到达终点后，不宜立即停下，而是应该进行慢跑和伸展活动，逐渐使身体冷却下来。疲劳程度较高时，可以以步行代替。另外，如果关节和肌肉较热，可以通过冷敷预防炎症。

③ 赛后的饮食

补充营养和修复受损细胞非常重要。饮食中应注意补充碳水化合物、蛋白质以及因大量流汗损失的矿物质等营养。为了减轻内脏负担，分成小份食用较为理想，推荐食用易于消化的香蕉和酸奶等。

④ 休息一周

不论何种级别的参赛者，在再次进行训练之前，至少要休息一周以上，让疲惫的身心得到休息，重新振奋精神。

⑤ 再次进行训练

在迎向下一次比赛的训练中，可以省略本书中的准备期（如果消耗较轻，可以一并省略深入训练一期）的训练。

⑥ 下次比赛

注意！ 了解需要冷敷的部位

需要冷敷的部位是过度使用的肌肉和关节。赛后，脚掌和脚腕、小腿肚、膝盖、大腿（前后侧）、髋关节等部位容易发热，如果不及时冷敷，容易引起发热部位疼痛（发炎），肌肉也会变得僵硬而容易受伤，因此必须及时冷敷。

Column About the Marathon

我们采访了一些业余的马拉松练习者,让我们来听听他们的声音。结合川越教练的评论,可以为您的练习提供参考。

> 川越评论

▶▶▶ **跑者感言⑤**

坚持跑马拉松,如何保持练习热情?

- 期待着在马拉松俱乐部和比赛中结识朋友、互相交流。
- 明确想参加的目标赛事,比如东京马拉松赛或国外的比赛等。
- 一直怀着"我想战胜别人"的强烈意愿。
- 自然而然地就会想跑步,并没有特别地做些什么。
- 享受参加马拉松俱乐部的感觉,因此会注意避免受伤或生病。
- 目标是更新纪录。
- 观看顶级运动员和长跑队的专业运动员等高水平选手跑步,激发自己跑马拉松的动力。
- 期待训练后或比赛后的美食。
- 购买跑鞋和其他跑步装备,买完之后就想立刻穿上去跑。
- 想象自己跑步时意气风发的样子。
- 每半年参加一次比赛,让6个月的训练期成为生活的一部分。
- 逐渐提高自己的目标成绩。
- 通过博客等与跑友交换信息、互相激励。

有明确的比赛目标,能更好地激发练习者跑步的动力。请一定自己设定训练计划并持之以恒。同样,设定目标时间也很有效,但要注意不要过分拘泥于此。练习者要把握自身现状,并根据具体情况进行调整,长期来说,这将有助于提高水平。

对跑步装备感兴趣这一点也很重要,可以先从挑选自己喜欢的商品开始!如果感兴趣,可以观看顶级运动员的比赛,这其实是一种抽象训练。坚持的理由绝对不止一个,各位读者一定要找到各种方式去享受马拉松,按照自己的节奏,长期地坚持下去。

The Basis & Practice Menu of Marathon

第7章

伸展训练 & 补充强化训练

〈本章内容〉

项目①　静态伸展 →第164~169页

该项目可达到跑前热身、跑后放松、调整身体左右差等目的，请参考以下图标进行训练。

- **热身** ……能作为热身活动的伸展项目
- **放松** ……能作为跑后放松的伸展项目
- **调整** ……能作为调整身体左右差的伸展项目

项目②　动态伸展 →第170~175页

该项目可达到跑前热身、跑后放松等目的，练习时要注意肌肉伸缩的状态，把握伸展的节奏。

项目③　跑步强化训练 →第176~179页

该项目可达到跑前热身和矫正姿势等目的，因此一定要有意识地掌握跑步训练的要点（第070页）。

项目④　补充强化训练 →第180~191页

该项目适用于增强跑完全程所需的肌肉力量。练习者应了解锻炼的目的、掌握达到身体前后左右平衡的锻炼方法（第042~049页），培养必备的肌肉力量。

伸展运动

柔软项目 静态伸展

目标 该项目是在静止状态下进行的伸展运动，具有提高肌肉温度、提升关节活动度的效果。本书介绍的伸展活动，只要稍微将姿势加以调整，就能连贯地完成。

01 小腿肚① ★
部位 小腿（腓肠肌）

放松
调整

①脚尖和膝盖朝同一方向，前后开立。②脚后跟着地，蹬直后腿，拉伸小腿肚部位。

02 足跟腱①
部位 小腿（比目鱼肌）

放松
调整

①双脚稍稍打开，腰部下沉。
②上半身前倾，拉伸小腿肚下半部分。

03 足跟腱② ★
部位 小腿（足跟腱）

热身
放松
调整

①一侧腿在前，下蹲。②该侧腿的足跟贴地，向前方按压膝盖。

04 小腿肚②
部位 小腿（比目鱼肌）

热身

①两腿前后分开，前腿脚尖上翘。
②前腿膝盖稍微弯曲，拉伸小腿肚肌肉。

方法

①注意力集中在拉伸部位。
②不要憋气。
③不要拉伸到疼痛的地步。
④拉伸到位后保持静止20秒。
⑤左右两侧用同样的方法拉伸。

★记号 = 即使忙碌也一定要做

One Point! 建议

坐在椅子上便于拉伸

进行第7项大腿（内侧）①拉伸时，如果站着做身体难以保持稳定，可以坐在椅子上进行。这样能把注意力集中在拉伸的部位上。

05 大腿（后侧）① ★
部位 大腿（腘绳肌）
热身

①两腿前后分开，前脚脚尖上翘。
②前腿膝盖绷直，上体前倾。背部不要弯曲。

06 大腿（后侧）②
部位 大腿（腘绳肌）
放松 调整

①一条腿前伸，脚尖上翘，按压膝盖。
②背部保持挺直，上身前倾。

07 大腿（内侧）① ★
部位 大腿（内收肌群）
热身 放松 调整

①两腿分开，膝盖弯曲，双手置于膝盖上。②双手将膝盖向两旁扩展。

08 大腿（内侧）②
部位 大腿（内收肌群）
调整

①坐于地面，脚心相对，双手抱住双脚。②用手推压，使脚后跟向身体靠拢。

One Point! 建议

身体柔韧度不足时，可将上半身前倾 〇 对

进行第8项大腿（内侧）②的拉伸时，如果感到身体柔韧度不足，难以拉伸，可以尝试身体前倾。骨盆前倾，伸展会变得相对容易。

10 大腿（前侧）②

部位　大腿（股四头肌）

调整

①身体侧躺，单腿膝盖弯曲。②用同侧手握住脚踝，向臀部拉伸。

09 大腿（前侧）①

部位　大腿（股四头肌）

热身

①单脚在后，膝盖着地。②用同侧手拉住脚背，将脚后跟拉近臀部。

12 髋关节（前侧）★

部位　髋关节（髂腰肌）

热身
放松
调整

①双腿前后大幅度开立，上半身挺直。
②后脚脚跟向后拉伸。

11 大腿（前侧）③★

部位　大腿（股四头肌）

热身
放松

①弯曲一侧腿膝盖，用同侧手握住小腿，保持站立。②手握住脚踝，向臀部拉伸。

One Point! 建议 使用毛巾可以方便拉伸

进行第10项大腿前侧②的拉伸练习时，要是身体柔韧度不足，无法够到脚，可以使用毛巾作辅助，重要的是确实能使肌肉得到锻炼。

13 臀部（后侧）★

部位 髋关节（臀大肌）

热身 放松 调整

①单腿膝盖弯曲，另一条腿放置其上。②上面那条腿的小腿应与地面平行，并保持该姿势。

14 臀部（侧面）★

部位 髋关节（梨状肌）

热身 放松 调整

①单腿膝盖弯曲，脚朝向外侧。②用另一只脚按压该侧膝盖，使臀部贴近地面。

15 腰部周围①★

部位 腰背部（竖脊肌）

放松 调整

①坐于地面，两膝盖弯曲，双腿分开。②固定骨盆位置，上半身弯曲并前倾。

16 腰部周围②★

部位 腰背部（背阔肌）

热身 放松 调整

①坐于地面，单腿膝盖弯曲。②将弯曲一侧的膝盖与相反侧胳膊的肘部靠在一起，扭转上半身。

167

> **One Point! 建议**
>
> **上身前倾则无法伸展背阔肌**
>
> 进行第17项背部周围①的伸展动作，侧弯时上半身不可前倾，因为前倾会使背阔肌无法发力，无法得到锻炼。因此，侧弯时必须使上半身保持挺直。
>
> 对　　错

17 背部周围① ★

部位 腰背部（背阔肌）

热身 / 放松 / 调整

①单手握住另一只手的手腕，边拉伸边侧弯。②要使拉伸一侧的手臂位于耳朵后方。

18 背部周围②

部位 腰背部（竖脊肌）

热身 / 放松 / 调整

①扭转腰部，一条腿伸向相反方向。②伸展一侧腿的膝盖向地面靠近。与抬起的腿同一侧的肩膀保持固定，贴在地面上。

19 肩部周围 ★

部位 肩膀、手臂（三角肌）

热身 / 放松 / 调整

伸展一侧的胳膊，另一只胳膊将其向身体方向夹紧。伸展侧的肩膀要保持不动。

20 手臂周围 ★

部位 肩、臂部（上臂三头肌）

热身 / 放松 / 调整

①弯曲肘部，并置于脑后位置。②另一只手抓住弯曲的手肘，从上至下按压。

One Point! 建议

拉伸肌肉时保持姿势不变

就伸展活动总体来说，伸展关节时保持正确的姿势，才能拉伸到目标肌肉。例如，进行第19项的拉伸肩部周围肌肉时，如果扭转上半身（如右图所示），会同时拉伸到其他的肌肉，效果会打折扣。

对　　错

---

21 胸部① ★

部位 胸部（胸大肌）

调整

①双手在身体背后交叉。②保持肘部伸直，抬起胳膊，拉伸胸部。注意上半身不要前倾。

22 胸部②

部位 胸部（胸大肌）

热身
放松
调整

①单手贴在墙壁上，肘部微曲，保持直立。②以胸部向前突的感觉，转动身体，拉伸胸部。

23 颈部（侧面）★

部位 颈部（斜方肌）

热身
放松
调整

①单手扶腰，肩部固定保持不动。
②用另一只手按压头的一侧，使一侧颈部得到拉伸。

24 颈部（后侧）

部位 颈部（斜方肌）

热身
放松
调整

①双手抱在脑后。②双手向前按压头部。

169

伸展运动

动态伸展

柔软项目

目标　该节介绍的是动态（前进过程中）伸展。
因为是在动态中进行，所以比静态伸展更容易促进体温升高。
推荐在热身活动中做这个项目。

01 大腿（前侧）

此动作项目的为伸缩大腿（前侧）。请按一、二、三、四的顺序完成动作，并逐步前进。

伸出右腿 → 右腿向后弯曲，右手抓住右脚脚背 → 右手向上拽右脚，拉伸大腿 → 放开右脚使之落地，前进3步，换左脚

02 大腿（后侧）

此动作项目的为伸展大腿（后侧）。注意拉伸背部肌肉的时候不要弯曲上半身。

稍微向前跨出一条腿（右腿），翘起脚尖，脚跟着地 → 双手放在右腿膝盖上，上半身前倾，伸展大腿（后侧） → 起身，前进3步，换左脚

170

方法

① 找准伸展部位。
② 不要屏住呼吸。
③ 拉伸时不应出现疼痛感。
④ 有节奏地进行。
⑤ 左右交叉进行。

One Point! 建议

抱住大腿内侧能降低难度

进行第3项的臀部伸展运动时，如果身体柔韧性不足，抱膝盖的动作比较困难，也可以抱住大腿内侧，这样会降低难度，柔韧性不足的人也可以轻松完成。

对

03 臀部

此动作的目的为伸展臀部肌肉。注意腰部、髋部不要后倾。

抬起一条腿（右腿），双手抱住膝盖 → 伸展背部肌肉，向上用力拉伸抱起的右膝盖 → 放下右腿，让右脚落地，换左腿

04 髋关节①

此动作目的为激发髋关节向内侧和外侧转动的能力。髋关节向外转动一侧的脚落下时，要将重心放在落地脚的正上方。

单侧腿（右腿）膝盖弯曲，向外侧张开并抬腿 → 保持膝盖位置不动，向前方转动腿。双手张开，保持平衡 → 放下右腿，前进3步，换左腿

171

One Point! 建议　保持上半身挺直

进行第5项的髋关节②伸展运动向后抬脚时,容易失去平衡,使上半身前倾,需要多加注意。练习时要留意姿势要点,保持上半身挺直。

错

05 髋关节②

此动作目的为刺激髋关节周边的肌肉。要注意保持上半身稳定,让髋关节可以大幅度活动。

抬起右腿大腿,使膝盖和脚尖保持同一方向

转动右腿,向侧面打开,大幅度活动髋关节

右腿向后转动并抬起,保持上半身不要晃动

弯曲膝盖,右腿回到正前位置

将重心放在落地脚的正上方。然后换左腿

06 髋关节③

此练习目的为活动并伸展大腿(后侧)。注意不要过度用力或过度弯曲上半身。

边走边抬起一只胳膊,挺胸,注意上半身不要前倾

抬起另一侧的腿,用抬起的手去触碰这条腿的脚尖。这样练习几步后换腿,也可以每走一步换一次腿,连续前进

172

One Point! 建议

向前伸出单侧手和脚时，上半身不要过度前倾　错

进行第6项髋关节③的伸展活动时，注意上半身不要过度前倾。如果想触摸脚尖的意识过强，容易导致上半身前倾，影响练习效果。只要能拉伸到大腿后侧的肌肉，不必一定要摸到脚尖。

07 肩关节①

目的是活动肩胛骨周围的肌肉。

伸直肘部，举起双手，手心向内。胳膊的位置在耳后

边弯曲肘部，边向外打开胳膊落下。手心向外

08 肩关节②

目的是活动肩胛骨周围的肌肉。

横向伸直双臂，肩胛骨向内侧收缩

双臂抱在胸前，手心放在肩上，肩胛骨向外侧伸展

09 髋关节&肩关节①

前进时双臂从后向前转圈，使髋关节和肩关节同时活动。

抬起一侧脚（左脚）的同时举起双手

同时落下左脚和双臂，向前进

再次抬起左脚，与此同时举起双手，重复同样的动作

> **One Point! 建议**
>
> **保持手脚同时运动**
>
> 在动态伸展的各个项目中，举起胳膊时也会抬起脚，放下胳膊时也会落下脚。像这样总是保持手脚同时运动（把握好配合的时机），就可以增强练习的节奏感。

10 髋关节 & 肩关节 ②

前进时双臂从前向后转圈，使髋关节和肩关节同时活动。

抬起一侧脚（右脚）的同时举起双手

胳膊转动至身体侧面时，右脚在躯干略前方着地

换为抬起左脚的同时举起双手，如此循环

11 髋关节 & 肩关节 ③

前进时双臂交替从后向前转圈，使髋关节和肩关节同时活动。

右脚向前伸出，同时左臂向前转动

向前迈出左脚的同时，右臂从后向前转动

恰好每走一步，完成一组手臂转动

One Point! 建议

转动手臂时注意肩胛骨部位

进行第11~13项的行进中转臂练习时，尤其要注意肩胛骨部位。具体来说，为了使上半身尽量保持稳定，转动胳膊时不应扭转身体，而应以肩胛骨为轴转动手臂。背部要有被按揉的感觉。

对

错

12 髋关节&肩关节④

前进时双臂交替从前向后转圈，使髋关节和肩关节同时活动。

双臂分别向后转动

向前迈出右脚的同时，左臂从前向后转动

右臂和左脚、左臂和右脚保持同步，每走一步，完成一组转臂动作

13 髋关节&肩关节⑤

前进时双臂分别从前向后、从后向前转圈，使髋关节和肩关节同时活动。

右臂向前转动，左臂向后转动，同时前进

每走一步，双臂都完成一次转动

前进5步后，双臂交换转动方向，左臂向前转动，右臂向后转动

175

跑步强化训练

训练 01　跳跃

目标：感受跑步时来自地面的反弹力。练习者全身放松原地跳跃即可。

方法
① 双腿开立，与肩部同宽。
② 原地跳跃。
③ 跳跃10次后，慢跑20米，跑时有意识地感受反弹力。

要点：落地时膝盖不要过度弯曲

双手自然下垂，保持自然直立

轻轻跳跃，双脚抓地，感受反弹力

跑步强化训练

训练 02　上下半身联动跳跃

目标：将上半身(手臂动作)和下半身(跳跃动作)进行联动，培养弹跳感。

方法
① 双腿开立，与肩部同宽。
② 跳跃的同时抬起胳膊。
③ 跳跃10次后，将臂部和腿的动作连贯起来，慢跑20米。

要点：上半身和下半身同时活动。

跳跃时感觉像用胳膊把身体抬到空中似的

跳跃的瞬间抬起胳膊

跑步强化训练

训练 03 后踢

目标：强化跑步时的蹬力，感受脚蹬地时的感觉。

方法
① 将手背贴在臀部。
② 脚拇指球用力蹬地，脚跟迅速靠近臀部。
③ 左右各做满10次后慢跑20米，感受脚后跟迅速上提的感觉。

要点
脚后跟上提时，注意保持身体前后左右的平衡。

上半身彻底放松

脚部迅速向后提起，脚后跟靠向臀部

跑步强化训练

训练 04 抬腿

目标：模拟跑步时抬腿的动作，感受身体的律动。

方法
① 胳膊置于身体侧面，肘部微曲，身体直立。
② 先抬起一条腿，再迅速放下，左右腿迅速交替抬起。
③ 左右各做满10次后，慢跑20米，感受后腿迅速前收的感觉。

要点
抬起的大腿要与地面平行。

上半身保持挺直，不要前倾或后倾

单脚抬起，然后迅速放下。双腿交替迅速进行10次

跑步强化训练

训练 05

单脚跳跃

目标　练习跑步中的落地动作以及强化蹬地的肌肉力量。

方法
① 保持直立,膝盖微曲。
② 下蹲,向上挺直后同时向前方跳跃。
③ 单脚着地,再用该侧脚支撑,进行下次跳跃。
④ 双脚轮流支撑跳跃,做满10次后,慢跑20米,感受弹跳的感觉。

与弓箭步(第185页)姿势相同,膝盖微曲

先下蹲,然后向前高高跃起

向前跳跃,摆臂幅度和跑步幅度都要有意识地加大

要点
单脚落地。膝盖微曲,吸收冲击力。

落地后立刻抬起另一侧脚,做出下一个跳跃动作

训练 06 交叉跳跃

跑步强化训练

目标：学会跑步时在空中切换左右脚的动作。

方法
① 双腿前后开立，上半身略微前倾。
② 跳跃的同时前后脚调换位置。
③ 着地时膝盖微曲，吸收冲击力。
④ 左右交替进行10次后，慢跑20米，有意识地加快步伐更换的速度。

双腿前后开立。上半身放松

要点
上半身应保持挺直，以在空中保持平衡。

起跳，在空中迅速交换前后脚的位置

落地前伸开双臂保持平衡

落地时膝盖不必过度弯曲

落地时，膝盖如果过度弯曲，就变成了补充强化练习中的分腿蹲跳（第189页），无法正确进行本项练习。

✗ 错

补充强化训练 01 — 大腿（前面）的肌肉

扶墙抬腿

▶▶▶ 强化抬腿动作

| 次数 | 左右各10次×3组　组间休息：15秒 |

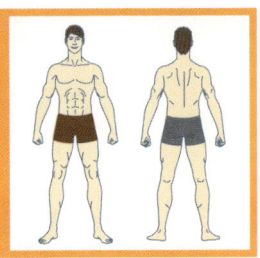

1 将双臂举起，与肩同高，双手按在墙上，双脚前后张开。

2 保持腰椎不动，抬起前脚，再落回原地。

要点
保持身体和髋部稳定不动。

补充强化训练 02 — 臀部、大腿（后面）的肌肉

抬臀

▶▶▶ 加强身体稳定性，强化臀部和大腿（后面）的肌肉

| 次数 | 20次×（3~5组）　组间休息：20秒 |

1 仰面平躺，弯曲膝盖，脚底贴住地面。

2 腹肌用力，抬臀。

要点
从侧面看，膝盖和肩膀形成一条直线。

补充强化训练 03　大腿（内侧）的肌肉

髋部内收

▶▶▶ 强化髋关节内侧肌肉

次数 20次左右×（3~5组）　组间休息：无

1. 侧躺，弯曲上侧脚的膝盖，下侧的脚向前伸。

2. 抬起下侧的脚，感觉像向内侧踢出去一样。

要点 抬腿时有意识地用髋关节内侧肌肉使劲，脚腕放松。

补充强化训练 04　大腿（外侧）的肌肉

侧边抬腿

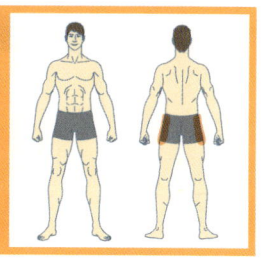

▶▶▶ 强化髋关节外侧肌肉

次数 20次左右×（3~5组）　组间休息：无

1. 侧躺，用上面的手按住髋部。

2. 向身体后上方抬起上面一条腿。

要点 避免身体扭曲或是后仰翻倒。

补充强化训练 05 — 髋关节（外侧）的肌肉

髋部外转

▶▶▶ 强化髋关节外侧肌肉

次数 20次左右×（3~5组） 组间休息：无

1 侧躺，用上面的手按住髋部。上侧腿的膝盖往前曲起。

2 抬起上侧腿，保持上半身不动。

要点
扭转上方的腿一侧的臀部，使该侧腿打开。

补充强化训练 06 — 肩胛骨周边的肌肉

肩胛骨内收

▶▶▶ 强化肩胛骨向内收的动作

次数 10次左右×（3~5组） 组间休息：20秒

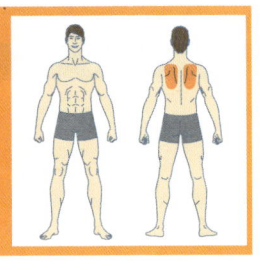

1 俯卧趴下，掌心向下。

2 肩胛骨向内收，手臂向腿部伸展。

要点
注意不要掌心向外，不要弓腰。

补充强化训练 07　　肩胛骨周边、背部肌肉

背阔肌下拉

▶▶▶ 强化背部肌肉

次数 10次×3组　组间休息：20秒

1 俯卧趴下，抬起双臂。

2 肩胛骨向里收，弯曲肘部，双臂从外侧往下移动。

3 双臂向下移动，肩胛骨继续向里收。

要点
下半身要保持放松状态。

用肩胛骨发力，而非双臂

该训练的目的是活动肩胛骨。要有意识地慢慢向内移动肩胛骨，而不是双臂。注意不要缩肩膀，颈部不要用力。

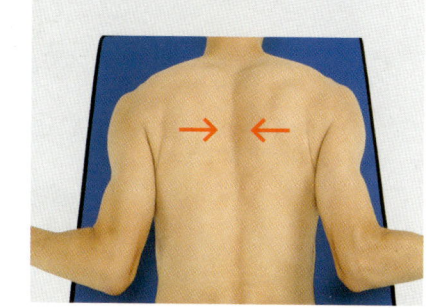

补充强化训练 08　　胸部（外侧）肌肉

哑铃上推

▶▶▶ 强化肩胛骨向外侧转动的能力

次数 10次左右×（3~5组）　组间休息：15秒

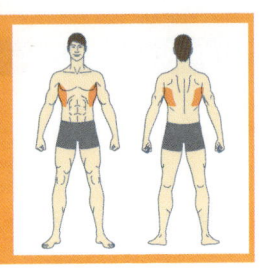

1　仰面平躺，单臂举起哑铃上推。

要点
注意上半身不要弯曲。

2　手臂使劲上举，直至肩胛骨离开地面。

补充强化训练 09　　胸部、肩胛骨的肌肉

俯卧撑

▶▶▶ 强化胸部和肩胛骨周围的肌肉

次数 10次左右×（3~5组）　组间休息：20秒

1　俯卧趴下，从头到脚形成一条直线，用脚支撑身体。

2　肘部弯曲呈90°并打开，身体呈一条直线，用手撑住身体。

要点
运动肩胛骨，左右拉伸胸肌。

补充强化训练 10　髋关节、大腿（前侧、后侧）的肌肉

弓箭步

▶▶▶ 加强跑步时单腿站立姿势的稳定性

次数 10次×3组　组间休息：无

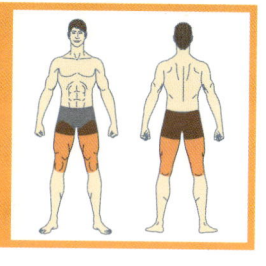

1 双手叉腰，抬起一条腿。

要点 眼睛直视前方。

2 腿落地时膝盖朝向正前方，同时把握平衡，保持住这个姿势。

要点 膝盖的位置不要比脚尖更靠前。

补充强化训练 11　髋关节、大腿（前侧、后侧）肌肉

下蹲

▶▶▶ 加强落地时接受冲击的能力

次数 10次×3组　组间休息：20秒

1 挺胸，肩胛骨略向内收，叉腰。

要点 保持髋部前倾。

2 髋关节和肩关节同时用力，下蹲，使重心转移到脚上，然后回到1的姿势。

要点 膝盖的位置不要超过脚尖。

变化版下蹲①

马步下蹲

双脚大幅度打开下蹲,可增加髋关节内侧肌肉的负荷。

1 张大双腿,叉腰,做出下蹲姿势。

2 膝盖弯曲呈90°,然后回复为1的姿势。

要点
脚尖与膝盖对着同一方向,膝盖不可超过脚尖。

变化版下蹲②

分腿下蹲

通过双腿前后分开练习,强化单脚支撑身体的能力。

1 双腿一前一后分开,手叉腰。

要点
双眼直视前方。

2 有意识地将重量压在前脚上,下蹲。前脚承担80%的重量,后脚承担20%的重量。

要点
膝盖朝向正前方。

变化版下蹲③
椅子下蹲

以单腿下蹲，可强化单脚支撑身体的能力。

1 身后放一把椅子，把一只脚放上去。

2 前倾下蹲，重心前移，90%的体重压在前脚上。

要点
双眼直视前方。

要点
脚尖和膝盖保持在一条垂直线上。

变化版下蹲④
单腿下蹲

以单腿下蹲，可加强跑步时单脚站立姿势的稳定性。

1 单腿站立，双手叉腰。

2 上半身形成一条直线，下蹲，膝盖、肩膀渐渐靠拢。

要点
双眼直视前方。

要点
注意保持平衡，不要摇摆。多练习分腿下蹲和椅子下蹲，强化稳定性。

补充强化训练 12　　　　　　下半身所有肌肉

下蹲跳

▶▶▶ 练习跑步落地时吸收冲击力的动作，强化肌肉力量

| 次数 | 10次×3组　组间休息：2分钟 |

1 分开双脚，距离与肩同宽。脚尖和膝盖朝向正前方。骨盆前倾。

2 下蹲，与第185页下蹲要领相同，然后向上跳。

要点
上跳时抬起胳膊，落地时放下胳膊。

3 落地时活动髋关节、膝关节、踝关节，吸收冲击力，弯曲身体下蹲。

不用过分前倾，这样无法强化部分肌肉

如图所示，落地时过分弯腰并不可取。跑步时同样要注意落地时把重心放低。

✗ 错

188

补充强化训练 13

分腿蹲跳

下半身所有肌肉

▶▶▶ 练习跑步落地时吸收冲击力的动作和空中换脚的动作

次数 10次×3组　组间休息：2分钟

1 分开双脚，双手放在身体两侧，髋部前倾。

2 弯曲膝盖下蹲，然后借由反作用力向上跳。

要点
悬空时要快速前后换腿。

3 落地时活动髋关节、膝关节、踝关节，吸收冲击力。不用蹲得过低。

落地时注意不要失去平衡，左右摇摆。

双脚一前一后很容易失去平衡。难以保持平衡的时候，要强化身体和骨关节，多多练习分腿下蹲，再来挑战分腿蹲跳。

✘ 错

补充强化训练 14　　腹肌（侧面）

仰卧收腹

▶▶▶ 强化腹肌（侧面），增强身体稳定性

次数　（30~60秒）×3组　　组间休息：30秒

1. 平躺，弯曲膝盖。双臂放身体两旁。

2. 收缩肚脐，让腹部凹陷。

要点
腹部凹陷后也不能停止呼吸，要用胸部呼吸。

补充强化训练 15　　腹肌（上半部）

仰卧卷腹

▶▶▶ 强化腹肌（上半部），增强身体稳定性

次数　（10~15秒）×3组　　组间休息：30秒

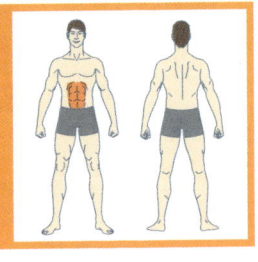

1. 平躺，膝盖曲起。手掌放在大腿上。

2. 手掌滑至膝盖，上身跟着起来。肩胛骨离开地面后再回到1的姿势。

要点
眼睛注视胸口部位起身。

补充强化训练 16　腹肌（下半部）

仰卧抬腿

▶▶▶ 强化腹肌（下半部），增强身体稳定性

次数　15次×3组　组间休息：30秒

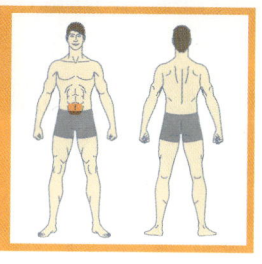

1 仰面平躺，弯曲膝盖，轻轻抬起双腿。

2 双膝逐渐向胸口处靠近，髋部向前移动。

要点
下半部腹肌要有意识地用力，使髋部向前移动。

补充强化训练 17　腹肌（中部）及背部肌肉

平板支撑

▶▶▶ 强化腹肌（侧面），增强身体稳定性

次数　（30~60秒）×3组　组间休息：30秒

1 俯卧趴下，手肘支撑在肩膀下方。脚尖立起。

2 腹肌及背部肌肉用力，使身体呈一条直线。

要点
手脚放松，注意臀部不要上下移动幅度过大。

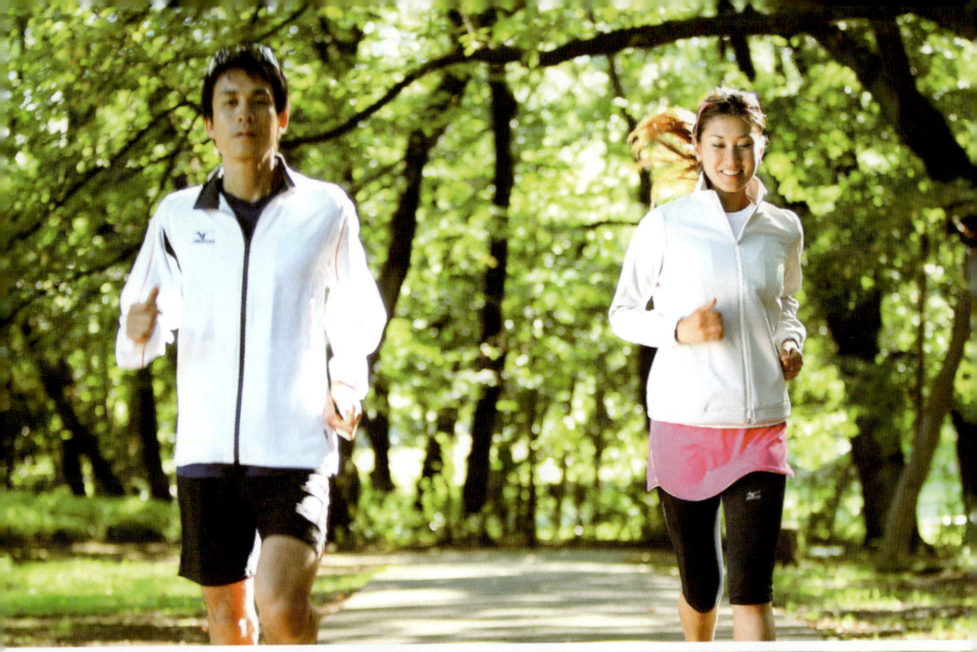
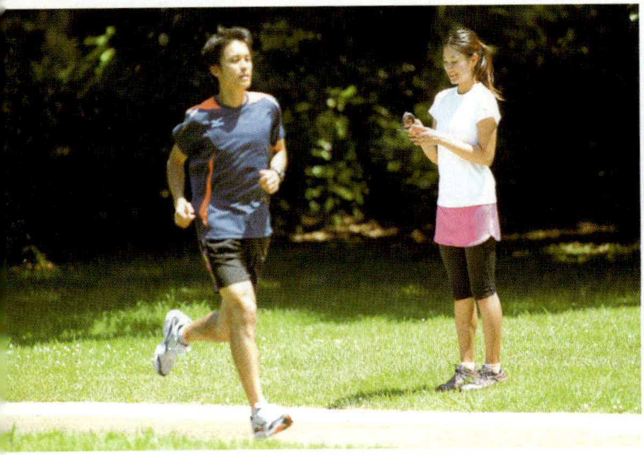
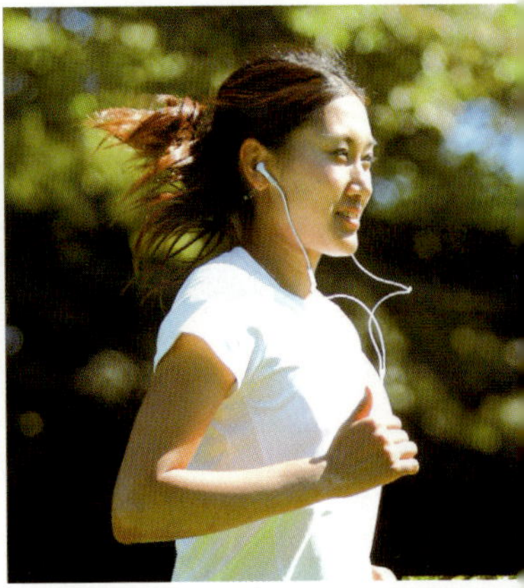
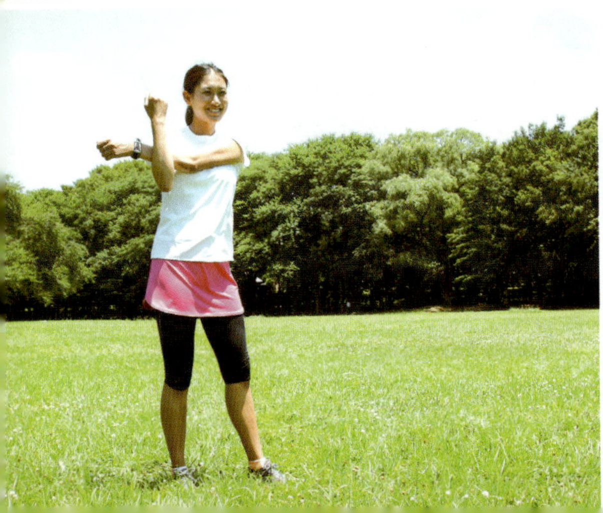
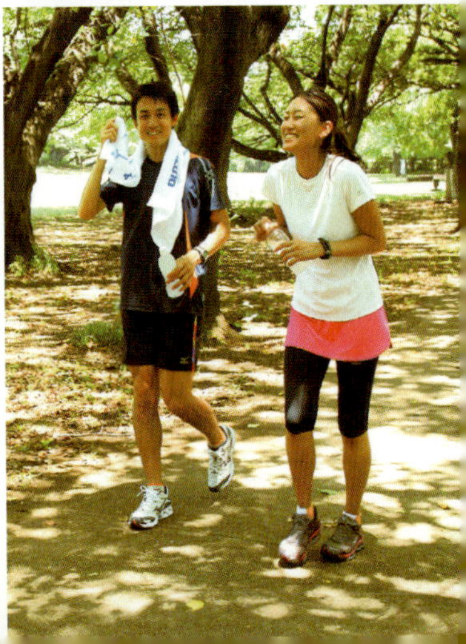

后 记

2007年4月，我创建了长跑俱乐部"Second Wind AC"，使顶级运动员和一般业余爱好者都能参与其中，并一直运营至今。Second Wind AC 的宗旨是向民众普及马拉松运动，并培养出世界级的顶级运动员。

日本曾被称作"马拉松之国"，但令人遗憾的是，在2008年奥运会和2011年世界田径锦标赛上，日本队都未能获得金牌。究其原因，与肯尼亚和埃塞俄比亚运动员的崛起有很大关系。现在的非洲运动员已经不再像过去一样单纯依赖身体素质，而是以团队为单位进行训练。他们选拔优秀的人才，并聘请专业教练作指导，再加上科学的技术支持和完备的训练环境，这一切使得他们在世界大赛中独占鳌头。

所以，日本队迫切需要改变过去陈旧的训练方法，具体来讲，培养世界级的速度型选手是当务之急。能否在对速度要求较高的长跑项目（5000米和10000米等）领域培养更多的世界级人才，关系着日本将来能否恢复"马拉松之国"的地位。另外，要提高在世界上的竞争力，必须摆脱过去选手与教练之间多对一、高依赖度的训练模式，而是应建立起各领域专家集中指导，能够对选手进行全面支持的训练机制。

我担任教练的 Second Wind AC 俱乐部，目标就是建立这种训练机制，但目前仍然存在许多必须要克服的困难。现在，俱乐部正努力为所属运动员创造不断提高成绩的环境，并努力扩大马拉松运动的群众基础。另外，俱乐部还计划将来培养一支拥有世界顶级选手的队伍。

马拉松是一项非常令人享受的运动，也有许多益处。我的座右铭是"坚持就是力量"。我相信，长期坚持进行马拉松训练，能给您带来健康而丰富的人生。请大家一定坚持训练，让马拉松训练的生活更加充实。

图书在版编目（CIP）数据

马拉松完全指南 /（日）川越学主编；赵维真译 . -- 北京：
北京联合出版公司，2015.4
ISBN 978-7-5502-4682-9

Ⅰ . ①马… Ⅱ . ①川… ②赵… Ⅲ . ①马拉松跑－指南 Ⅳ . ① G822.8-62
中国版本图书馆 CIP 数据核字 (2015) 第 025349 号

KANSO CHARENJI！JIKO BESUTO KOSHIN！MARASON NO KYOKASHO
Supervised by KAWAGOE Manabu
Copyright ©2011 by IKEDA PUBLISHING CO., LTD.
All rights reserved.
Originally published in Japan by IKEDA PUBLISHING CO., LTD., Japan.
Chinese (in simplified character only) translation rights arranged with
IKEDA PUBLISHING CO., LTD., Japan
through THE SAKAI AGENCY and BARDON-CHINESE MEDIA AGENCY.

马拉松完全指南

编　　著：（日）川越 学
译　　者：赵维真
选题策划：后浪出版公司
出版统筹：吴兴元
特约编辑：范晓丽
责任编辑：王　巍
封面设计：7 拾 3 号工作室
营销推广：ONEBOOK
装帧制造：墨白空间

北京联合出版公司出版
（北京市西城区德外大街 83 号楼 9 层　100088）
北京缤索印刷有限公司印刷　新华书店经销
字数 170 千字　889×1194 毫米　1/32　6.75 印张　插页 2
2015 年 4 月第 1 版　2015 年 4 月第 1 次印刷
ISBN 978-7-5502-4682-9
定价：45.00 元

后浪出版咨询（北京）有限公司常年法律顾问：北京大成律师事务所　周天晖 copyright@hinabook.com
未经许可，不得以任何方式复制或抄袭本书部分或全部内容
版权所有，侵权必究
本书若有质量问题，请与本公司图书销售中心联系调换。电话：010-64010019